本书由南京大学文学院副院长、
中国古代文学教授苗怀明博士审订，
特此致谢。

目录

11/ 财富和价值

日食万钱	4	家徒四壁	22	隋珠弹雀	40
酒池肉林	6	室如悬磬	24	买椟还珠	42
穷奢极欲	8	甑尘釜鱼	26	巧取豪夺	44
纸醉金迷	10	牛衣对泣	28	得陇望蜀	46
轻裘肥马	12	阮囊羞涩	30	贪得无厌	48
象箸玉杯	14	不名一钱	32	米珠薪桂	50
竹头木屑	16	债台高筑	34	和璧隋珠	52
身无长物	18	嗟来之食	36	敝帚自珍	54
安步当车	20	一浆十饼	38	青毡旧物	56

12/ 生活和家庭

未能免俗	58	披星戴月	74	让枣推梨	90
不拘小节	60	病入膏肓	76	舐犊情深	92
杯盘狼藉	62	霜露之疾	78	倚门倚闾	94
食指大动	64	苟延残喘	80	扇枕温衾	96
莼羹鲈脍	66	死得其所	82	坦腹东床	98
闲云野鹤	68	一抔之土	84	相敬如宾	100
枕石漱流	70	老当益壮	86	破镜重圆	102
卜昼卜夜	72	兄肥弟瘦	88		

附录/ 分类成语 104

日食万钱
rì shí wàn qián

唐·房玄龄《晋书·何曾传》："食日万钱，犹曰无下箸处。"

释 每天花费上万的钱财吃喝。形容生活非常奢侈浪费。

近义 穷奢极欲　花天酒地　锦衣玉食

反义 食不重味　箪(dān)食瓢饮　食不果腹

西晋时期，有一个大臣叫何曾。何曾曾经为皇帝登上皇位出了很多力，因此很受皇帝宠爱，皇帝给他很多赏赐，还任命他当丞相。

因为官职高，何曾的俸禄就高，加上皇帝时不时赏给他好东西，他的生活过得非常奢侈。何曾家里的帷幔帐幕精美华丽，他坐的马车装饰得气派漂亮，身上穿的衣服就更不用说了，不仅衣料好、做工好，丝绸袍子上还缀满各种珠宝，走到哪里都带着浓浓的富豪气息。

何曾还特别讲究吃喝，他吩咐家里的厨师每天都要给他准备山珍海味、各种小吃，这方面就连皇帝都比不上他。

皇帝举办宫廷宴会，奉命参加的官员都觉得是品尝美食的好机会，可是何曾嫌宫廷宴会的饭菜不够好，尝都不尝。皇帝命人把自己吃的蒸饼端来给他吃，他却嫌蒸饼上没有裂开的十字纹，说明饼不够松软，还是不吃。他仗着皇帝宠爱，竟然要求从自己家里带来厨师和食材，专门做给自己吃。

何曾对食物很挑剔，不仅要求饭菜点心美味，还要色香味俱佳。为了品尝更多

11 财富和价值 / 奢侈·日食万钱

种美食，他一天吃好几顿饭，但每顿只挑挑拣拣地吃一点儿。有时候厨师做的饭菜不合口味，他就破口大骂，把厨师赶走。因此，他家的厨师换了一批又一批。厨师们为了讨好他，想方设法寻找各种奇怪的东西，再变着花样做给他吃。为了买这些食材，每天要花费上万的铜钱，餐桌上摆满各种美食，可何曾还是举着筷子挑挑拣拣，摇着头叹气抱怨："唉！这怎么能吃呢？没啥可吃的，连下筷子的地方都没有。"

讲究吃喝并不是件坏事，可是何曾在饮食上太过奢侈，造成了巨大浪费，当时就引起很多官员不满，在皇帝面前告他的状。在后世的评价中，他更是成了贪图享受、奢侈无度的反面典型。

例句

🍫 唐朝甘露年间，有个王涯丞相，官居一品，权压百僚，僮仆千数，日食万钱，说不尽荣华富贵。（明·冯梦龙《警世通言·钝秀才一朝交泰》）

🍫 被抓的贪官后悔以前贪污腐败、日食万钱，浪费了大量财富。

酒池肉林
jiǔ chí ròu lín

汉·司马迁《史记·殷本纪》："（帝纣）大聚乐戏于沙丘，以酒为池，悬肉为林。"

释 本指商纣王生活荒淫无耻。后用来形容生活极端奢侈。也形容酒肉很多。

近义 荒淫无度 花天酒地 穷奢极欲　**反义** 食不重肉 布衣蔬食 箪食瓢饮

财富和价值 / 奢侈·酒池肉林

商纣（zhòu）王是商朝的最后一个君王，他身体强壮，很有才能，本来可以把国家治理得很好。但不幸的是，他有致命的缺点：贪婪、自大、酗（xù）酒、不听劝告。

商纣王天天喝得醉醺醺的，和他宠爱的妃子妲（dá）己待在一起疯玩，根本无心处理国家大事。大臣和百姓们一旦对他有所怨言，他就会用残酷的刑罚对待他们。

妲己为了讨好商纣王，变着花样用音乐和舞蹈诱惑他。纣王被妲己迷惑得失去了理智，妲己说什么他就信什么。

商纣王在沙丘这个地方修建了许多花园、宫室，又在林子里养了很多飞禽走兽，他常常带着妲己在这里打猎、玩耍。

有一天，妲己和商纣王坐在花园里看风景。看到伺候他们的宫女来来往往，给他们送来各种美食，妲己突然想到一个主意，她对纣王说："大王让人挖个大池子装酒，再在树枝上挂满熟肉，这样我们想吃就吃，想喝就喝，多好啊。"

纣王想都没想，立即传令挖酒池。他让人把刚酿好的酒倒满池子，又让人取来各种肉食挂满树枝——就这样，建成了妲己想要的酒池肉林。

从此以后，纣王和妲己天天在这里寻欢作乐，根本不听兄弟和大臣们对他的劝告。为了满足贪欲，商纣王不断下令搜刮钱财，老百姓活不下去了，四处逃荒，国家一片混乱。终于，周武王在姜子牙和弟弟周公旦的帮助下，决定讨伐商纣王。

很快，周武王就打败了商纣王的军队。纣王知道自己没有活路了，贪婪的他把珠宝戴满全身，爬上高高的鹿台狂饮大吃一通之后，点火烧死了自己。周武王攻进纣王的宫殿，妲己被抓住，也受到了应有的惩罚。

例句

- （天子）设酒池肉林以飨（xiǎng）四夷之客。（汉·班固《汉书·西域传》）
- 小朋友要从小养成节俭的习惯，否则长大后铺张浪费，酒池肉林，可不得了。

成语个性

"酒池肉林"故事的发生地沙丘，位于现在的河北省邢台市境内。战国时期，赵国在这里建有离宫，实行"胡服骑射"的一代明主赵武灵王因儿子们争夺王位，被困在沙丘宫，最后活活饿死。秦朝时，秦始皇巡游到沙丘时病死。古代称帝王为真龙天子，所以沙丘这个地方又被称为"困龙之地"。

穷奢极欲

汉·班固《汉书·谷永传》:"(皇帝)失道妄行,逆天暴物,穷奢极欲,湛湎荒淫。"

释 穷:极。奢:奢侈。欲:欲望。极度奢侈,纵情享乐。

近义 酒池肉林 骄奢淫逸 纸醉金迷   **反义** 节衣缩食 克勤克俭 厉行节约

西汉时期,汉成帝刘骜(ào)当上皇帝不长时间,就开始骄傲自满,整天喝酒玩乐,把治理国家的事丢在脑后。

汉成帝特别喜欢美女,宠爱赵飞燕、赵合德姐妹俩,还花费大量金钱建造了好几座豪华宫殿,供自己和宠妃们在里边享乐。太后和大臣们对汉成帝的做法非常不满,可是也没有办法,便请直言敢谏的大臣谷永对成帝多加劝导。

谷永是一位忠心的大臣,常劝皇帝少喝点酒,把心思放在治国上。汉成帝嫌他唠叨,把他打发到外地去当官了。但是遇到处理不了的问题时,汉成帝又不得不把谷永找来,向他请教。

有一年腊月,快过春节了,突然发生了日食。在古人看来,日食是很可怕的事,预示着将要发生大灾难。恰巧就在发生日食的那天晚上,都城一带地震了,皇宫的未央殿被震得摇摇晃晃,汉成帝吓得酒都不敢喝了。

汉成帝急忙召见谷永,问他:"自从我当上皇帝,几乎年年闹天灾,现在连皇宫也地震了,这是怎么回事啊?"

谷永回答说:"这几年,百姓过得很苦,皇上您却想尽办法享受,过着非常奢侈的生活,当然会招来天灾。"

汉成帝虽然心里认为谷永说得对,嘴上还是忍不住辩解:"也可能是我运气不好,才连年遇到反常的天气。"谷永更加严肃起来,说:"皇上您不按祖宗留下的规矩治国,总想着满足自己的私欲,过分贪图享受,奢侈浪费,做了那么多有违天理的事,所以受到了上天的惩罚啊!"汉成帝沉默了好久,一句话也说不出来。

财富和价值 / 奢侈·穷奢极欲

例句

- 西人之来，谋利而已，本无大志，且穷奢极欲，衰将及之。（严复《道学外传》）
- 那些贪官挥霍着百姓的财富，过着穷奢极欲的生活。

成语个性

"穷"常容易误解为"贫穷"，其实这里是"穷尽、极"的意思。

纸醉金迷

zhǐ zuì jīn mí

宋·陶穀(gǔ)《清异录·居室》："此室暂憩，令人金迷纸醉。"

释 形容令人沉醉的富丽堂皇景象。也形容生活奢侈豪华。

近义 醉生梦死 灯红酒绿 花天酒地

反义 艰苦朴素 朴素无华 克勤克俭

　　孟斧是唐朝末年一位很有名的医生。他医术高超，经常奉旨去宫中看病。因为常去皇宫，孟斧开始喜欢豪华的宫殿，喜欢奢侈的生活，喜欢繁华热闹。

　　后来长安发生战乱，孟斧只好带着家

11 财富和价值 / 奢侈·纸醉金迷

人从长安回到四川老家避难。回到老家后,孟斧一点儿也不习惯,他非常想念长安的生活,每当回忆起那些装饰华美的宫殿,还有宫里的奢侈生活,孟斧做梦都想回去。

可是长安正在打仗,孟斧只好凭着对皇宫的记忆,把自己家的房子重新装饰了一遍,想让它看起来跟皇宫一样华丽漂亮。为了达到金碧辉煌的效果,孟斧特意挑了一个向阳的房间,给房间的每面墙都贴上亮闪闪的金箔。就连房间里的家具、各种器物,也都用金箔包起来。

每当天气晴朗的时候,孟斧就在这个房间里得意地转悠,阳光照射得满屋金光,孟斧闭上眼睛幻想自己是住在皇宫里。每次有亲戚朋友来他家,孟斧都要带他们参观这间屋子。那些亲眼见过的人都赞叹不已,回来后对别人说:"在那间屋子里待上一会儿,闪闪发光的金纸晃得眼睛都花了,人晕晕乎乎的,好像喝醉了酒似的。"

成语个性

也写作"金迷纸醉"。故事中提到的金箔是用黄金锤成的薄片。黄金有着很好的延展性,可以被捶打成比纸还薄的薄片,所以也叫金纸。做一枚金戒指所用的黄金能制成一张床面般大小的金箔。在中国古代,金箔被广泛用于建筑装饰、牌匾装饰、佛像贴金等方面。

例句

🍂 (客厅里)一时管弦嘈杂,钏动钗飞,纸醉金迷,灯红酒绿,直到九点多钟,方才散席。(清·吴趼人《二十年目睹之怪现状》)

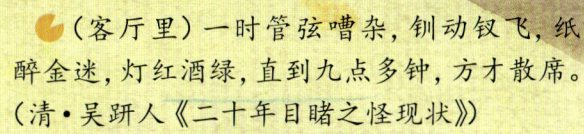

🍂 他得到一大笔遗产后,成天过着纸醉金迷的生活,没几年就把这笔钱挥霍一空。

轻裘肥马

春秋·孔子《论语·雍也》:"赤之适齐也,乘肥马,衣轻裘。"

释 裘:皮衣。穿着又轻又暖的皮衣,骑着又肥又壮的好马。形容生活豪华奢侈。

近义 宝马香车 鲜车怒马 锦衣玉食 **反义** 弊车羸(léi)马 安步当车 布衣蔬食

春秋时期,鲁国有一位大学问家叫孔子。孔子有一个学生叫冉求,他热情开朗,很有才干,特别善于处理政事和理财,孔子家中财务方面的事情都交给他去管理。

冉求年轻时做过鲁国贵族季氏的家臣,他曾给季氏出主意,帮他从老百姓那里搜刮财富,孔子狠狠地批评了他。后来,在孔子的教导下,冉求注意用仁德来指导自己行事,逐渐成为一个德才兼备的人。

有一次,孔子的另一个学生子华出使去了齐国,留下他年老的母亲在家里。冉求听说后,就请求孔子说:"子华没在家,不能照顾母亲,给他母亲补助些粮食吧。"孔子想了想,回答说:"好吧,给她送六斗谷子去吧。"冉求觉得太少了,请孔子再多加一些。孔子只好说:"那就再加两斗。"冉求心想:老师怎么这么小气呢?于是干脆自己做主,拿了八十石(dàn)谷子给子华的母亲送去了。

孔子知道这件事后,对冉求说:"子华家里很富有。他这次出使齐国,是骑着膘肥体壮的好马,穿着又轻又暖、质地很好的皮袍子出门的。他家里不缺粮食。我听俗语说,君子帮助别人,应该去帮那些遇到急难的人,而不是去给富有的人增加财富啊。"冉求这才明白老师的用意。

11 财富和价值

奢侈·轻裘肥马

例句

- 他貌如潘岳，富比石崇，德并颜渊，轻裘肥马锦雕鞍，重裀(yīn)列鼎珍馐馔(xiū zhuàn)。（元·柯丹邱《荆钗记》）
- 如果能够穿越到古代，没有汽车、电视、手机，即使过着轻裘肥马的生活，是不是也会很无趣？

成语个性

也写作"肥马轻裘"。故事中的"斗""石"都是古代计量粮食的单位，一石等于十斗。

象箸玉杯
xiàng zhù yù bēi

战国·韩非《韩非子·喻老》:"象箸玉杯,必不羹菽藿(shū huò),则必旄(máo)象豹胎。"

释 象箸:象牙做的筷子。玉杯:玉做的杯子。形容生活非常奢侈。

近义 酒池肉林 画卵雕薪 锦衣玉食

反义 瓦器蚌盘 克勤克俭 艰苦朴素

有一天，商纣王正在吃饭，他的叔叔箕（jī）子来了。箕子看了一眼纣王手中的筷子，脸上流露出害怕的表情。

纣王指着箕子哈哈大笑："叔叔，是什么事把你吓成这样啊？"箕子忧心忡忡地说："大王，您用象牙筷子吃饭，这恐怕不是好兆头，我是担心将来会亡国呀！"

纣王满不在乎地说："叔叔呀，你也太胆小了，用双象牙筷子就会亡国？太夸张了吧！"

箕子却说："大王既然用上了象牙筷子，肯定就不会满足于使用陶土烧制成的饭碗，喝酒的杯子也得用犀牛角、玉之类的贵重材料来做了。用上了豪华的餐具，您的犀杯玉碗还会去装豆子、豆叶做成的羹汤吗？您的象牙筷子还能去夹普通的饭菜吗？当然要吃牛犊、豹胎那样的山珍海味了。在吃喝方面已经这么讲究了，衣服当然也要配套，就不再愿意穿麻布衣服，而是要穿绫罗绸缎了。吃穿这么讲究，那就不会愿意住低矮的茅屋，而是要住高大华丽的宫殿了……这样奢侈浪费，挥霍国家的财富，就容易惹恼老百姓，这样下去国家能不灭亡吗？我正是担心会有这么可怕的后果，所以看到这双象牙筷子，就会觉得害怕呀！"

聪明的箕子从一双筷子就能看出纣王追求奢华享乐的思想苗头，好言相劝。可惜商纣王一点儿也听不进去，而是一步步走向荒淫贪婪的深渊，宠爱妲己，建酒池肉林，终于导致商朝灭亡，他自己也落得个自杀的下场。

财富和价值 奢侈·象箸玉杯

例句

🌰 纣始为象箸，箕子叹曰："彼为象箸，必为玉杯。"（汉·司马迁《史记·宋微子世家》）

🌰 古代那些昏庸的帝王自己过着象箸玉杯的生活，哪里会去管百姓的苦难。

成语个性

大象长长的牙齿因为温润洁白、质地细密，在古代是雕刻日用品和工艺品的贵重材料。但大象的长牙是它们保护自己的武器，也是获取食物的重要工具。为了保护大象，现在很多国家都已经立法禁止人们捕杀大象获取象牙，禁止象牙和象牙制品的加工和销售。

竹头木屑
zhú tóu mù xiè

唐·房玄龄《晋书·陶侃传》："时造船，木屑及竹头，悉令举掌之，咸不解所以。"

释 比喻有利用价值的废弃材料。

近义 牛溲马勃　　**反义** 奇珍异宝

　　陶侃是东晋时期的一位著名将领，也是大诗人陶渊明的曾祖父。陶侃小时候家里很穷，父亲很早就去世了，勤劳的母亲靠纺线织布赚钱养活他，并供他读书。在母亲的教导下，长大后的陶侃德才兼备，不仅擅长带兵打仗，在一些细枝末节的小事上也非常留心。

　　有一年，国家要造战船，让陶侃负责检查工作。陶侃非常认真负责，他到工场查看的时候，看到满地都是锯下来的竹节头和锯木屑之类的下脚料，心想：这些材料虽然这次造船用不上了，但就这么扔掉太可惜了。于是叫人收拾起来，还在本子上做了登记。随从见他把不起眼的下脚料也当成宝贝似的，心中暗暗笑话他小气。

　　转眼新年到了，官府里举行活动，由于前一天刚下过一场雪，这会儿天晴了，大堂前的台阶上淌着雪水，来的人踩着脏兮兮的黑泥，不但会弄脏鞋和衣服，还很容易摔倒。这时，陶侃对身边的跟班说："去把之前收起来的木屑拿来撒在地上。"木屑很快吸收了雪水，地面变得干净多了。

　　过了不久，大将军桓温要去四川一带打仗，需要赶造战船。船板都准备好了，因为没有竹钉，没法把船组装起来。陶侃听说后，立即叫人把原来收藏的竹节头给桓温送了去。用这些竹节头削竹钉比用整根的竹子还省事。船很快就组装起来了，既节约了原料，也节省了时间。大家都夸陶侃聪明能干，想得周到。

11 财富和价值 / 节俭 · 竹头木屑

成语个性

也可以写作"木屑竹头"。木屑也叫锯末，就是锯木头时落下来的碎屑。木屑有很多再利用的价值，可以用来做燃料、造纸、栽培花木等，另外，很多家具和装修材料也是用木屑加工成的刨花板、三合板做成的。

例句

- 三十年著书，十年搜访图书，竹头木屑之积，亦云多矣，将欲一旦而用之可也。（宋·郑樵《上宰相书》）
- 我们要有节约资源、保护环境的意识，做好垃圾分类，要知道，竹头木屑也有它们的再利用价值。

身无长物
shēn wú cháng wù

南朝宋·刘义庆《世说新语·德行》："（王恭）对曰：'丈人不悉恭，恭作人无长物。'"

释 长物：多余的东西。身边没有多余的东西。形容生活俭朴或是非常贫穷。

近义 一贫如洗 不名一文

反义 丰衣足食 堆金积玉

东晋时期的王恭很受皇帝器重，并被选拔为太子的老师。虽然官职很高，但王恭非常清廉，不贪不占，家里并没有积攒下多少财产，生活也过得非常俭朴。

有一年，王恭去会稽（kuài jī）（现在的浙江省绍兴市、宁波市一带）办事，回都城建康（现在的江苏省南京市）时，带回来一张漂亮的竹席。竹席是会稽的特产，当地盛产竹子，那里的竹席舒适美观，很有名气。

王恭回到建康后不久，同属于王氏家族的王忱看他来了。论辈分，王忱是王恭的叔叔。王恭热情地招待叔叔，和他坐在一起喝茶。闲聊的时候，王忱见王恭坐着的竹席既舒适又雅致，非常喜欢，就对王恭说："你前不久刚从会稽回来，这样的好席子一定没少带，送给我一张吧。"王恭只是笑了笑，什么也没说。等王忱告辞回家后，王恭立即叫人把自己刚才坐的那张竹席卷起来包好，给王忱送了过去。

　　王恭为什么把自己已经坐过的席子送给叔叔呢？不是因为他小气，而是他虽然去了盛产竹席的会稽，却并没有像别人那样带回很多当地特产，只买了这一张竹席。现在既然叔叔想要，只好送给他了。这样一来，王恭没有席子坐了。好在他简朴惯了，读书、吃饭仍旧和原来一样，坐在草垫子上。

　　后来，王忱听说送来的是侄儿唯一的席子，非常惊讶。他特意来到王恭家里，满怀歉意地说："我以为你会有很多张这样的好席子呢，不然也不会向你要，真没想到你只有这一张。"王恭笑了笑，说："看来您对我还不够了解。在生活上，我一向不喜欢有多余的东西。"

　　后来人们根据王恭的故事引申出"身无长物"这个成语，形容没有多余的东西。现在经常用来比喻生活穷困，一无所有；有时也用来比喻为官清廉。

成语个性

长，不要读成 zhǎng。

11 财富和价值 节俭 身无长物

🍂 例句

🍃 这些逃难人虽则身无长物，因为一到惠阳就逢到数十年来从未有过的冷，不能不临时买了棉被，这一下，舱里的地位便不经济了。（茅盾《归途杂拾·韩江船》）

🍃 这场地震来得突然，人们慌慌张张地从家里跑出来时，什么也没来得及带，可以说是身无长物。

安步当车
ān bù dàng chē

汉·刘向《战国策·齐策四》:"斶愿得归,晚食以当肉,安步以当车。"

释 安步:缓步慢行。慢步行走,就当作是坐车。

近义 缓步代车　　**反义** 健步如飞

战国时期,齐国的颜斶(chù)是一位品行高尚的隐士。一天,齐宣王要召见他,请他到宫里来。

颜斶来到大殿的台阶前,看到齐宣王正端坐着等他下拜,但他没有行礼,而是站在那里看着齐宣王。齐宣王从没见过不向他下拜的人,又奇怪又扫兴,招呼说:"颜斶,你过来啊。"颜斶仍然站着不动,用齐宣王的口吻说:"大王,你过来啊。"齐宣王生气了,旁边的大臣见颜斶不拜见君王,责备他说:"大王是国君,你是百姓,大王可以召唤你,你怎么能召唤大王呢?"

颜斶笑了笑说:"我先走到大王面前,说明我攀附权势;大王先走过来,说明他礼贤下士。与其让我攀附权势,不如让大王落个礼贤下士的美名。"

齐宣王气恼地质问:"到底是君王尊贵,还是士(读书人)尊贵啊?"

颜斶又笑了笑说:"当然士尊贵喽,君王并不尊贵。先前秦国和齐国打仗的时候,秦王下令,谁敢在高士柳下惠的坟墓五十步之内砍柴,就杀了他;谁能砍了齐王的头,就封他万户侯,赏金二万两。大王您看,一个君王的性命,还比不上一个死了的士人坟墓重要啊。"齐宣王哭丧着脸无话可说了。

大臣们急忙解围:"颜斶,快过来吧!我们大王是拥有千辆战车的国家的君王,谁敢不服?大王想要什么就有什么,老百姓谁都不敢惹大王。你这士人也太不懂事了!"颜斶却说:"你们说得不对!大禹时代有上万个诸侯国,为什么呢?因为诸侯国

齐宣王听了，觉得理亏，道歉说："都是我不好。希望您收下我这个学生，今后请您住在宫里，我让您和家人享受荣华富贵，每顿饭都有美味佳肴，出入都有华美豪车。"

颜斶推辞说："请大王还是让我回去过原来的生活吧，就算天很晚才能有口吃的，那也如同吃肉一样香；能自由地慢慢溜达，也像坐车一样舒服。既然大王找我来说话，我就直言不讳，把要说的都说出来了。"颜斶说完，对宣王拜了拜，潇洒地走了。

的君王们尊重士人。到不太重视士的商汤时代，诸侯国也还有三千多个。而现在，整天称孤道寡的君王却只有二十四个。这就是不重视士人的后果。君王应该常向士人请教，不应该因为向士人学习而感到羞耻。"

例句

- 每日到局里只要把照例的公事办完，立刻回公馆吃饭，一到下午，便一个人安步当车，出门逍遥自在去了。(清·李宝嘉《中国现在记》)
- 佳怡喜欢陪奶奶散步，黄昏时分，安步当车，非常惬意。

成语个性

当，不读 dāng。

11 财富和价值 节俭·安步当车

家徒四壁
jiā tú sì bì

汉·司马迁《史记·司马相如列传》:"文君夜亡奔相如,相如乃与驰归成都,家居徒四壁立。"

释 徒:仅,只有。家里只有四面墙壁。形容家境贫寒,穷得一无所有。

近义 家贫如洗 室如悬磬 家无儋(dàn)石

反义 金玉满堂 堆金积玉 万贯家财

西汉时期,有一个很有名的才子叫司马相如。他不仅文才好,而且会弹琴、会击剑,称得上文武双全,只是他家里特别穷。

司马相如做官不顺利,身体也不好,只好回到老家成都养病。没过多久,他的钱花光了,穷得连饭都吃不上。幸好他的老朋友王吉正巧在成都附近的临邛(qióng)县当县官,听说了司马相如的遭遇,热情地邀请他到临邛住。

临邛有个大富豪叫卓王孙,喜欢结交名人,但是看不起穷人。贫穷的司马相如如果主动去巴结他,肯定会碰一鼻子灰。司马相如和王吉商量了一番,决定戏弄一下卓王孙。

王吉每天大张旗鼓地去司马相如住的地方拜见他。卓王孙听说后,心想:连王县令都这么崇拜他,这人一定很了不起。如果和司马相如成为朋友,一定很有面子。

这一天,卓王孙摆上豪华筵席,邀请王吉和司马相如来家里做客。王吉来到卓家,看到桌子上摆满了鸡鸭鱼肉、山珍海味,陪同的还有几百个客人。可是到了中午,仍旧不见司马相如来赴宴。大家等得焦急的时候,司马相如派人来说:"我家主人不舒服,不能来了。"王吉忙说:"司马相如不来,我可不敢吃。我亲自去请他吧!"

过了很长时间，司马相如才勉强跟着王吉来了。

司马相如风流潇洒、谈吐不凡。客人们一见之下都感叹，难怪王县令这么崇拜他，真是名不虚传啊。从此，卓王孙经常请司马相如到家里吃饭、聊天。

有一天，卓王孙又摆上豪宴，邀请司马相如到家里来。吃过饭，卓王孙请求司马相如弹琴，他答应了。司马相如琴艺高超，卓王孙的女儿听得入了迷。卓王孙的女儿叫卓文君，热爱音乐，是个才女，不幸的是丈夫不久前去世了，她又住回了娘家。

琴声深深打动了卓文君。司马相如看到卓文君痴迷的眼神，就大胆地弹奏起表达爱意的曲子，卓文君脸上露出欢喜的表情。当天晚上，卓文君就离开家找到司马相如住的地方，两个人一起回成都去了。卓文君来到司马相如家，发现他家里除了四面墙壁，几乎没有任何家具陈设，穷得难以想象。

不过，卓文君并没有嫌弃司马相如。他们卖掉唯一的马匹马车，开了一家小酒馆度日。卓文君身为大家闺秀，却放下身段抛头露面在店里卖酒；司马相如则负责清洗杯盘碗筷，两个人互敬互爱，传为一段爱情佳话。

11 财富和价值 / 贫穷·家徒四壁

🌰 例句

🌑 季直素清苦绝伦，又屏居十余载，及死，家徒四壁，子孙无以殡敛，闻者莫不伤其志焉。(唐·姚思廉《陶季直传》)

🌑 卖火柴的小女孩家里很穷，家徒四壁，屋里和大街上一样冰冷。

成语个性

徒不要误写为"陡"。也写作"家徒壁立"。

23

室如悬磬

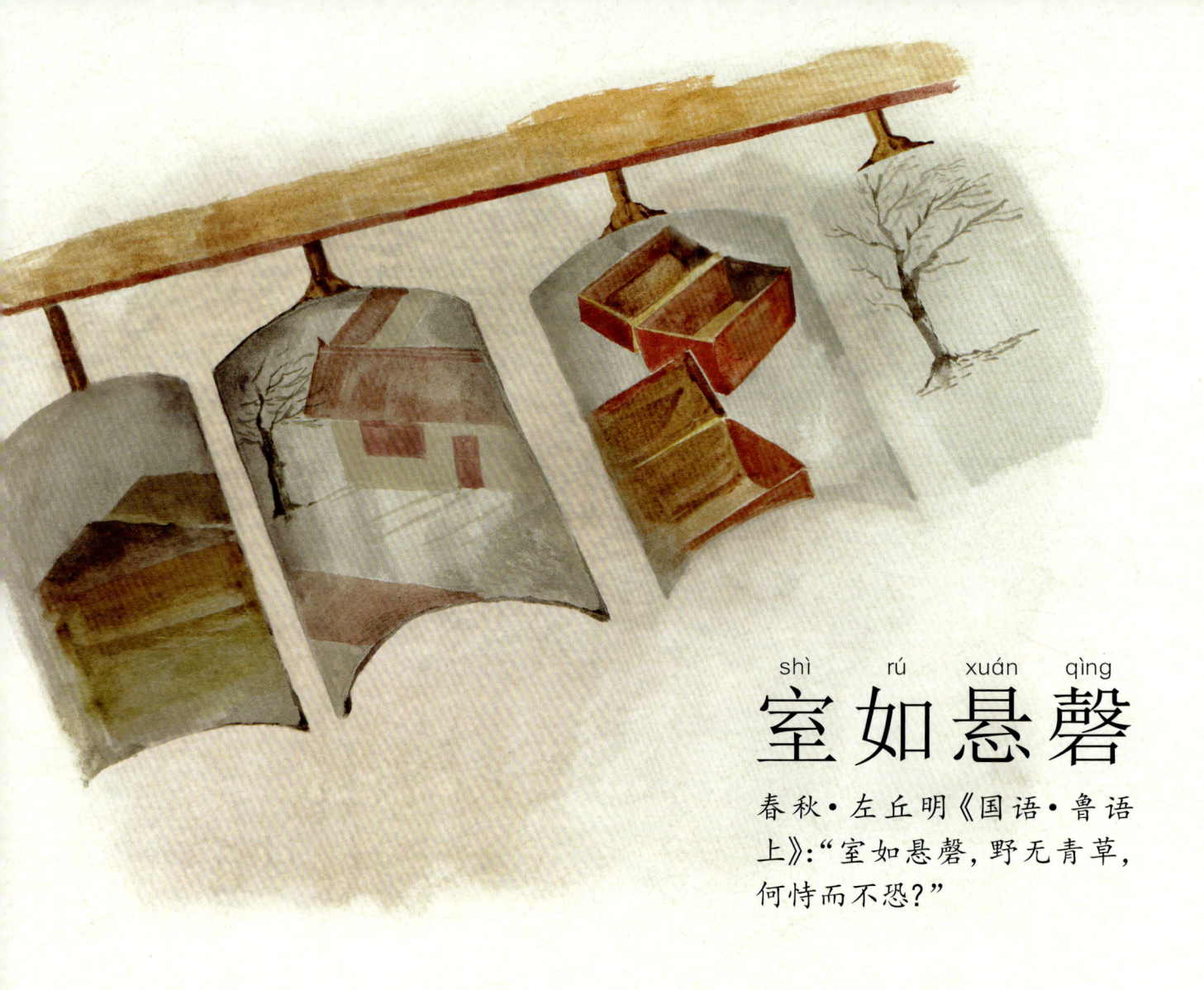

shì rú xuán qìng

春秋·左丘明《国语·鲁语上》："室如悬磬，野无青草，何恃而不恐？"

释 磬：古代一种中空的打击乐器。屋里就像挂着的石磬一样，空无所有。原指国库空虚。后用来形容家境贫寒。

近义 一穷二白 家徒四壁
反义 丰衣足食 富可敌国

春秋战国时期，整个中国总是战争不断。

这一年，鲁国遭遇了严重的灾荒，齐国的国君齐孝公趁机率兵攻打鲁国。鲁国的国君知道自己国家实力不够，不想打仗，打算劝说齐国退兵，便去问大臣柳下惠。

柳下惠想了想，回答说："我只听说大国对小国指手画脚，小国国力弱、地位低，只有顺从大国才能避免打仗，从来没听说靠劝说就能摆平大国的事。如果小国试图跟大国讲道理，只能惹怒大国，让自己更加危险。现在眼看就要打仗了，只去说漂亮话没有用。"于是柳下惠派了自己的弟弟大夫乙喜去给齐国送礼，名义是犒劳齐国的军队。

乙喜见到齐孝公后，恭恭敬敬地说："我们主公不够能干，没处理好边界的事，连累您奔波到此，晚上还要露宿野外。我们主公为这事感到很不安，特意派我来犒劳贵国大军。"说完献上了礼物。

齐孝公听了乙喜的话很得意，又看到带来的礼物，故意问乙喜："你们现在知道害怕了吧？"

乙喜不卑不亢地说："那些没见过世面的小人会害怕，但真正的君子是不会害怕的。"

齐孝公不屑地说："你们的国库里空空的、光光的，就跟挂着的石磬一样，里面什么都没有；田地里别说粮食，就连青草都不长。你们有什么可以倚仗而不害怕呢？"

乙喜自信地回答说："我们倚仗齐鲁两国的盟约。从前，周天子曾下令齐鲁两国世代友好相处，不许打仗。现在您带兵来到这里，目的也只是让我们顺从，一定不会是想要灭亡鲁国。难道您会因为想侵占我们的土地，而抛弃先王的遗命吗？我们鲁国从国君到臣子再到平民百姓，正是因为有先王留下的诏命可以倚仗，也正是因为相信您，所以才不害怕。"

齐孝公听乙喜说得有道理，又见他带了礼物来，态度很诚恳，就下令退兵了。

例句

- 范生叹道："别人可瞒，似老兄跟前，小弟焉敢撒谎，兄看室如悬磬，叫小弟如之奈何？"（清·石玉昆《三侠五义》）
- 和小萌"结对子"的小朋友家里很穷，一家人连床被子都没有，简直是室如悬磬。

成语个性

"磬"（乐器）不要误写为"磐"（大石头）。成语"有恃无恐"也是出自这个故事。

甑尘釜鱼
zèng chén fǔ yú

南朝宋·范晔《后汉书·范冉传》:"甑中生尘范史云,釜中生鱼范莱芜。"

释 甑:蒸饭的炊具。釜:古代做饭用的锅。鱼:蠹(dù)鱼,一种昆虫。甑里积满灰尘,煮饭的锅里生了蠹鱼。形容家境清贫,已经断炊很久。也比喻官吏清廉自守。

近义 饮冰食蘖(bò) 饥寒交迫　　**反义** 钟鸣鼎食 丰衣足食

东汉末年,山东兖(yǎn)州出了一位名人叫范冉。范冉很有才干,可他不愿意和官场上的贪官同流合污,多次放弃了做官的机会。

范冉的朋友王奂当了考城的县令,他很赏识范冉的才能,多次写信请范冉去他那里做事,挣钱养家,范冉都推辞了。

后来,王奂要离开考城到凉州去做太守。范冉听说后,和弟弟带着麦酒,在王奂要经过的路旁等着,准备为朋友送别。

可是,当王奂的仪仗队过来时,范冉却像没看见一样,仍旧和弟弟在路边谈笑。王奂坐在车里听到范冉的声音,立即下车给范冉作揖行礼,拉着老朋友的手说:"在路边说话不方便,我们到前面的亭子里坐坐吧。"范冉摇摇头说:"你在考城时,我就

11 财富和价值 / 贫穷·甑尘釜鱼

想去看你,可我不愿意和有权势的人交往,所以没去。如今你要去千里之外的地方,不知道以后还能不能再见,所以我特意在这里等着与你道别。现在已经见到了,我们就此别过吧!"说完,范冉就转身走了。

汉桓帝曾经任命范冉去莱芜县当地方官,但正赶上他母亲去世不久,范冉推说要为母亲守丧,没有去赴任。

范冉不去做官,是因为他看不上当时的官场腐败,并不是他不缺钱。事实上,范冉家里穷得揭不开锅。为了不被饿死,他只好推着破车,让老婆孩子坐在车里,到处流浪,以占卜为生。晚上没钱住客店,全家就睡在大树下。

流浪了十几年,范冉一家终于盖起了一间草房,算是安了家。他们住的地方远离闹市,全家仍然吃不饱肚子,可是范冉一点儿也不在意。邻居们都知道他家里穷,却很敬佩范冉的品格,就给他编了首歌:"甑中生尘范史云,釜中生鱼范莱芜。"范冉字史云,曾被任命为莱芜县的县令,所以又称范史云、范莱芜。

范冉听后也只是一笑了之。

七十四岁那年,范冉在家中病倒了。临死前他对儿子说:"现在社会风气不好,我活着不愿沾染坏风气,死后也不能。棺材要尽量小,入殓(liàn)只穿一身平常衣服,祭奠用干饭冷水就行,不要浪费。"

范冉去世后,人们因为钦慕他高尚的品格,纷纷赶来为他送葬,参加葬礼的多达两千多人。

🍲 例句

🟤 留守儿童小朵才六岁,双目失明的奶奶却七十多岁了,家里很穷,祖孙俩过着甑尘釜鱼的日子,十分可怜。

🟤 现在很多人每天点外卖餐食,都不在家里做饭了,这种"甑尘釜鱼"的生活习惯既不环保,也不健康。

成语个性

也可写作"鱼釜尘甑""釜中生鱼"。鱼,不要误解为游鱼或鱼肉。

牛(niú)衣(yī)对(duì)泣(qì)

汉·班固《汉书·王章传》：「初，章为诸生学长安，独与妻居。章疾病，无被，卧牛衣中，与妻决，涕泣。」

11 贫穷·牛衣对泣

释 牛衣：给牛御寒、遮雨的物品，用草或麻编成。睡在牛衣中，相对哭泣。后比喻夫妻共同过着穷困的生活。

近义 穷困潦倒　　**反义** 丰衣足食

西汉时的王章，年轻时家里非常贫穷，但他胸怀大志、勤奋学习，希望有一天能成为国家的有用之才。

他到都城长安求学时，和妻子两个人住在一处破旧的房子里，吃穿都非常简陋。好在妻子贤惠乐观，从不抱怨。

有一次，王章生病了，躺在床上，发着高烧，浑身发抖。但家里连条棉被都没有，妻子只好把用乱麻和干草编的牛衣给他盖在身上。牛衣本来是冬天为了给牛保暖披在牛身上的，可是妻子实在找不到别的东西，也就顾不得什么了。

王章缩在牛衣里，因为生病身体很不舒服，心里更是难受，他流着眼泪对妻子说："我病得这么重，估计马上就要死了，我们从此永别了。"妻子听王章说出这么泄气的话，又着急又心疼，她一边哭一边说："你是京城里最有才华的人，朝廷里的那些大官，哪一个的见识比得上你？现在只不过生了点病，你不振作精神，激励自己，反而在这里哭哭啼啼，真是太没出息了！"

王章听了妻子的话，又羞愧又委屈，他披着牛衣坐起来，拉着妻子哭得更厉害了。夫妻俩哭了一会儿，王章竟觉得好了些。经过妻子的精心照料，没过几天，王章的病就好了。

从这以后，王章更加发奋读书，后来终于在朝廷里当了官，生活也随之好起来了。

例句

🌰 翁家乏食，借贷无门，典质已尽，搔首踟蹰（chí chú），牛衣对泣而已。（清·宣鼎《夜雨秋灯录》）

🌰 小雅的奶奶说以前穷得没吃没穿，寒冬腊月连床被子都没有，她和爷爷两个人又冷又饿，真是牛衣对泣啊。

成语个性

"牛衣"不要误解为牛皮或牛皮做的皮衣。

29

阮囊羞涩

宋·阴时夫《韵府群玉·阳韵·一钱囊》:"阮孚持一皂囊,游会稽。客问:'囊中何物?'曰:'但有一钱看囊,恐其羞涩。'"

释 阮:晋代的阮孚。囊:口袋。比喻经济困难,手头缺钱。

近义 不名一钱 囊空如洗

反义 腰缠万贯 富可敌国

魏晋时期,社会很不安定,但是很多名士思想活跃、个性独特。阮孚(fú)是当时著名的贤士阮咸的儿子。阮咸性格豁达,喜欢喝酒,不受传统礼法的拘束,经常做出一些很出格的事。阮孚从小受父亲影响,也长成了一个性格旷达、放荡不羁的人。

阮孚有一个很特别的爱好,就是喜欢木屐(jī)。木屐是一种下面有齿的木头鞋子,当时很多名士都喜欢穿这种鞋子。阮孚家里收藏了很多双各种款式的木屐,平时根本穿不过来。

当时还有个人叫祖约,是成语故事"闻鸡起舞""中流击楫"的主人公祖逖(tì)的弟弟,祖约这人喜欢钱财。

阮孚好屐,祖约爱财,他们俩都花了很多时间和精力在自己的爱好上。有一次,有人去拜访祖约,正好撞上他在清点财物,听到有人进来,他赶紧把金银财宝都收起来。客人进来时,有两个小箱子没来得及收好,祖约怕客人看见,就侧着身子挡住两个箱子,言谈举止都很不自然。

同样,也有人没打招呼就去了阮孚家,见他正把火吹旺熔化蜡液,给木屐打蜡。他一边忙着,一边自嘲说:"唉,也不知道人这一辈子能穿几双木屐!"说这话时神色坦然,一副自得其乐的样子。通过这两件事的对比,更能看出阮孚率真坦诚和幽默达观的个性。

阮孚把钱花在自己喜欢的事上,从不吝啬。他像父亲一样,也很喜欢喝酒,平时有点钱就拿来喝酒,馋酒又没钱买的时候,甚至会把貂皮大衣拿去卖了换酒钱。阮孚虽然出生于大家族,自己也当着官,但因为他花钱大手大脚,又不善于经营管理家产,所以经常让自己陷入贫困不堪的境地。但不管有多穷,他都喜欢随身带着个钱袋。

　　有一天，阮孚在会稽（kuài jī）游玩，走在街上，他的大钱袋特别引人注目。有人问他："您这袋子里都装了些什么宝贝啊？"阮孚神秘地笑笑，说："这里面啊，只有一个铜钱。我担心钱袋会因为没有装钱而害羞，让这个铜钱安慰安慰它。"说完哈哈大笑起来。问的人也被他这话逗笑了："您可真是个好心的主人啊！"

例句

当日感情报德，分外相亲，啮（niè）臂盟心，矢以嫁娶。自此无日不往，两月余，阮囊羞涩，垂橐（tuó）兴嗟。（清·王韬《淞滨琐话·金玉蟾》）

小男孩想给老师买一束花当礼物，可是因为囊中羞涩，买不起，只好给老师画了一束花。

成语个性

也写作"囊中羞涩""囊空羞涩"。本成语中的"羞涩"原指钱袋子（囊）羞涩，现在可以理解为钱包的主人不好意思。明明缺钱困窘的是自己，阮孚却调侃说钱袋会害羞，表现出阮孚乐观的性格。

11 财富和价值 贫穷·阮囊羞涩

不名一钱
bù míng yī qián

汉·司马迁《史记·佞(nìng)幸列传》:"长公主赐邓通,吏辄随没入之,一簪不得着身。于是长公主乃令假衣食,竟不得名一钱,寄死人家。"

11 财富和价值 / 贫穷·不名一钱

释 名：拥有。一个铜钱都没有。形容非常贫穷。

近义 一贫如洗 身无分文 囊空如洗　　**反义** 腰缠万贯 富甲天下 富可敌国

西汉时期的汉文帝算是一个很不错的皇帝，只是有一点，他信奉鬼神，一心想着要登天成仙、长生不老。

有一次，汉文帝做了一个梦，梦见自己要登上天成仙了，可最后一步却怎么也上不去。这时一个戴黄帽子的人推了他一把，他就顺利地上了天。文帝醒来后，派人到处寻找，结果发现宫里的船夫邓通和他梦里的那个人一模一样。文帝非常高兴，让邓通当上了大官，还赏赐给他很多财物。

有一天，汉文帝让算命的人给邓通算命。没想到算命的人说："这人面相不好，以后一定会受穷饿死。"汉文帝听了，生气地说："赏赐邓通多少财富由我说了算，他怎么可能会饿死呢？"说完立即下了一道圣旨，赐给邓通一座铜山，让他自己用铜山里开采出的铜造钱花，想造多少造多少。用一座山的铜造钱，那得造多少钱啊！很快，邓通就富得流油，财产比皇帝家里都多。

没想到几年后汉文帝死了，新皇帝汉景帝非常讨厌什么能耐都没有，只会讨好汉文帝的邓通，上台后立即收回了铜山，并罢了他的官。后来又有人告发邓通在国境外偷偷造钱。汉景帝下令彻底追查，没收了邓通的所有财产后，邓通还欠下国家好几亿的钱。

汉景帝的姐姐长公主可怜邓通，让人给他送去一些金银财物，但监视邓通的人把这些钱财全都拿走充公了，甚至连根头上戴的簪子都不给他留下。长公主只好让人给他送去一点吃的穿的，邓通这才勉强活了下来。当年坐拥铜山、富可敌国的邓通，<u>连一个铜钱都没有了</u>，最后死在了寄住的人家里。

例句

● 他自己是不名一钱的，如何去得，惟有向亲朋借贷。（清·黄小配《大马扁》）

● 小凡总是两三天就花光了一个星期的零花钱，弄得后面几天不名一钱。

成语个性
也写作"不名一文""一文不名"。

债台高筑
zhài tái gāo zhù

汉·班固《汉书·诸侯王表序》:"自幽、平之后……分为二周，有逃债之台。"

释 形容欠下很多债务。

近义 囊空如洗 家徒壁立 室如悬磬　**反义** 腰缠万贯 金玉满堂 富可敌国

我们中国被称为"华夏"是从周朝开始的。周朝的天子大多都聪明能干，可是一代代传下去，到周赧（nǎn）王的时候，局势发生了很大的变化。周赧王做事不动脑

11 财富和价值 / 贫穷·债台高筑

子,没有才能治理好国家。

当时周朝有很多诸侯国,其中秦国非常强大,经常出兵欺负弱小的国家。有一次,秦国攻打赵国的都城,魏国出兵帮赵国解了围。这在当时引起了很大的震动。楚国的楚考烈王趁势与各个诸侯国联络,准备建立同盟,联合起来进攻秦国。同时,楚考烈王派人给周赧王送去一封信,劝说他以天子的身份出兵援助。

周赧王以前经常受秦国欺负,听说诸侯要联合起来消灭秦国,高兴极了,马上答应出兵。

可是,到了真要打仗的时候,周赧王才想起来哪里不对:自己的地盘太小了,好不容易凑了六千老弱残兵,却没有武器、没有军粮、没有钱,这可怎么办呢?周赧王只好向他领地里的富人借钱,并许诺说等把秦国灭了,用得来的战利品加倍偿还。就这样,六千士兵终于向战场出发了。

可是,这六千人走到半路就被迫停下来了。原来,楚考烈王发现联络的诸侯国只有两三个愿意出兵,他怕自己吃亏,干脆也不出兵了。面对周赧王派来的兵,楚考烈王说,你们先回去吧,不打仗了。于是,这六千老弱残兵只好又回去了。

这次出兵,周赧王花了不少钱,而且都是借的钱。结果仗没有打成,当然也就没有战利品用来还债。那些富人天天堵着宫门要账,甚至冲进宫里质问周赧王为什么说话不算数,催他还钱。

周赧王虽然是天子,但也顾不得面子了,被债主吓得躲进后宫的一个高台上。于是,人们就称它为"逃债台",意思是躲债的高台。后来,人们就用"债台高筑"来形容欠债很多,没有能力偿还。

例句

● 一刀截断大河横,省却图南六月程。海客欢呼士民怨,债台高筑与天平。(清·黄遵宪《己亥杂诗》)

● 为了给奶奶治病,小凯家四处借钱,一个疗程下来就已经债台高筑,欠下十几万元。

成语个性

周朝分为西周和东周两个时期,总共延续了约800年。公元前770年,周平王迁都洛阳,西周灭亡,东周建立。东周时期又分为春秋和战国两个时代。周赧王是周朝最后一个天子。公元前256年,周朝灭亡。

嗟来之食
jiē lái zhī shí

汉·戴圣《礼记·檀弓下》:"齐大饥,黔敖为食于路,以待饿者而食之……黔敖左奉食,右执饮,曰:'嗟!来食。'(饿者)扬其目而视之,曰:'予唯不食嗟来之食,以至于斯也!'"

释 嗟:不客气的招呼声,相当于"喂"。指带有侮辱性质的施舍。

反义 自食其力

春秋时期,有一年齐国闹饥荒,很多人都被饿死了。为了找吃的,人们到处逃荒。

有一个叫黔敖(qián áo)的富人,看到老百姓挨饿,不但没有一点儿同情心,反而笑话灾民竟吃那些连他家的猪都不吃的东西。

有一天,黔敖突发奇想:如果拿出点粮食给饿得快死的人吃,他们肯定会像疯了一样来抢……于是,他让人把一个食摊摆在路边,自己得意地坐在树荫里,等着看那些饿极了的人出洋相。

一个逃荒的人走了过来,黔敖扬手丢过去一块干粮,故意大声招呼:"饿鬼,吃去吧!"不一会儿,走过来一群饿得半死的人,黔敖扔出去几块干粮,看到他们一拥而上,抢成一团,黔敖哈哈大笑,讥讽这些穷人。

黔敖正得意地戏弄那些逃荒的人,这时,一个饥民摇摇晃晃地从不远处走来。黔敖斜着眼睛打量那个饥民,只见他穿得破破烂烂,脚上拖拉着一双草鞋,人已经饿得昏头昏脑了,却还用破旧的衣袖遮住脸,尽量不朝他的食摊这边看。

黔敖左手拿起一块干粮,右手端起一碗汤,对那人大声叫道:"喂,来吃吧!"但那个人没有理他,只管走路。黔敖一连叫了好几声:"喂,听到没,给你吃的呢!"那人走到黔敖的近旁,但他没有伸手接食物,而是把手中拄的棍子往地上一杵,抬起头来,瞪着黔敖说:"我就是不吃你这种嗟来之食,才饿成现在这个样子的。"

黔敖万万没想到这人饿得都要死了,竟然还努力保持自己的尊严。他很为自己的言行而羞愧,感觉自己比乞丐还窘。他向那位饥民连连道歉,可那人还是拒绝接

11 财富和价值 / 恩惠·嗟来之食

受他的食物，拄着手里的棍子，摇摇晃晃地继续往前走了。

🌰 例句

🍥 不食嗟来之食这个故事很有名，传说了千百年，也是有积极意义的。（吴晗《谈骨气》）

🍥 安徒生小时候家里很穷，可是他很有骨气，不愿意讨好有钱人，吃人家的嗟来之食。

成语个性

这个成语常与"不食"连用，"不食嗟来之食"是褒义词，形容人自尊自爱，有骨气；"嗟来之食"单用则为贬义。帮助有困难的人是值得赞扬的，但是，一定要注意不要伤害对方的尊严，以尊重为前提。

37

买椟还珠

mǎi dú huán zhū

战国·韩非《韩非子·外储说左上》:"楚人有卖其珠于郑者,为木兰之椟,薰以桂椒,缀以珠玉,饰以玫瑰,辑以翡翠,郑人买其椟而还其珠。"

释 椟:木匣。买下了装珍珠的木匣却退还了匣里的珍珠。比喻没有眼光,舍本逐末,取舍不当。

近义 本末倒置 舍本逐末 反裘负薪　**反义** 去粗取精 披沙拣金

从前,一个楚国人在郑国卖珠宝。有一次,他弄到一颗品质很好的珍珠,为了让这颗珍珠能卖个好价钱,楚国人决定好好包装一下。

他找来名贵的木头,请手艺高超的匠人做了一个漂亮的盒子,然后用桂花、花椒等香料一遍一遍地给盒子熏香,直到盒子闻上去香气扑鼻。最后,他又在盒子的

11 财富和价值

取舍·买椟还珠

外面雕上花纹，缀上小颗的珍珠、玉片和翡翠。这个盒子看起来高端大气，漂亮极了。

楚国人小心翼翼地把珍珠放进盒子里，揣着它来到市场上。盒子一拿出来，立即引起了人们的围观。大家议论纷纷，啧啧称赞盒子里的珍珠又大又亮。

这时，一个郑国人挤到前面，要求看看。他把盒子拿在手里，两眼放光，嘴里说着："这可真是件宝贝啊！"

楚国人开出了一个大价钱，郑国人交了钱后，美滋滋地捧着盒子离开了。可是他没走出多远又转身回来了。楚人想：他可能后悔出价太高要退货吧？正想着，只见郑国人走到跟前，打开盒子，把里面的珍珠拿出来递给他说："您把这颗珍珠忘在盒子里了，我要的是这盒子，不要珍珠。"说完放下珍珠，低头闻着盒子的香气，高高兴兴地走了。

楚国人拿着退回来的珍珠傻傻地站在那里，他怎么也想不明白，那个郑国人花这么多钱，不是为了买走珍珠，而是为了买装珍珠的盒子。

例句

- 今之治经者亦众矣，然而买椟还珠之蔽，人人皆是。（宋·程颐《与方元寀（cǎi）手帖》）
- 以前外国人不会喝茶，茶叶泡开后把茶水倒了，嚼茶叶渣儿，这可真是买椟还珠啊！

成语个性

对于这个成语故事，现在有了很多新的解读。有人认为，这是一种销售盒子的好策略；有人认为，这个故事说明商品包装的重要性；也有人认为，过度包装会造成不必要的浪费；更有人认为，因为喜欢而认为盒子更有价值并没有错，只要自己开心就好。不过我们在使用这个成语时，通常用的还是成语的比喻意义，含有贬义。

巧取豪夺
qiǎo qǔ háo duó

宋·苏轼《次韵米芾二王书跋尾》:"巧偷豪夺古来有,一笑谁似痴虎头。"

11 财富和价值 / 掠夺·巧取豪夺

释 巧取：巧妙骗取。豪夺：暴力抢夺。形容用欺诈的手段骗取或用暴力抢夺他人的财物、权利等。

近义 敲诈勒索 坑蒙拐骗 横征暴敛　　**反义** 仗义疏财 乐善好施 慷慨解囊

北宋时，有一个大书画家叫米芾(fú)，他不但写得一手好字，画画也很有名气，还特别喜欢收藏、欣赏古人的作品。

他对自己收藏的书画十分珍爱，平时都舍不得拿出来给人看，实在不好拒绝时，才拿出来。但为了防止看的人伸手去碰，他规定只能站在几米开外的地方远远欣赏。

为了收集喜爱的字画，米芾甚至会用一些很不光彩的手段。

有一天，米芾和朋友一起乘船出游。在船上，朋友拿出自己珍藏的一幅古字来请大家欣赏。大家看了这幅书法作品，纷纷称赞。米芾更是拍案称好，立即拿出随身带着的一幅名画要和朋友交换，但是朋友拒绝了。米芾就跑到船舷边要往河里跳，朋友慌忙拦住他问："你这是要干什么？"米芾说："我家里也收藏了不少字画，但没有一件能赶上你的这幅，活下去还有什么意思？"朋友听他这么说，只好忍痛割爱，把这幅字送给了他。

米芾很擅长临摹古人的名画。他经常向人借来古画临摹，画完以后，把原画和自己临摹的画作一齐放到主人面前，请主人自己辨认。由于米芾临摹古画的技艺高超，主人常常把仿画当成真的拿走。米芾通过这个方法得到了很多珍贵的古画。

米芾虽然才华过人，可他用假画换取别人真画的行为让人们都瞧不起他。当时，人们厌恶地称米芾"巧偷豪夺"，后来逐渐演化成"巧取豪夺"这个成语，用来指有权势的人通过造假取巧或粗暴硬抢等办法占有别人的东西。

例句

🍄 三百年中，它巧取豪夺，从殖民地榨取了无限的财富，来建设和供养它的本土。(冰心《再寄小读者》)

🍄 在封建社会，地主们靠着巧取豪夺，把农民的土地全都据为己有。

成语个性

豪，不要写成"毫"。

米珠薪桂
mǐ zhū xīn guì

汉·刘向《战国策·楚策三》:"楚国之食贵于玉,薪贵于桂。"

释 米贵得像珍珠,柴火贵得像桂木。形容物价极高。

近义 食玉炊桂 居大不易　　**反义** 物美价廉

战国时期,国与国之间除了用武力相争外,还常常展开政治外交上的攻势。当时,出现了一批优秀的政治外交人才,这些人被称为"纵横家"。苏秦是当时最著名的纵横家之一,他不仅口才好,机智狡黠,还善于察言观色。

这一年,苏秦受赵国的委托来到楚国,打算劝说楚国与赵国联合起来,一起对付强大的秦国。

苏秦到楚国后,楚国负责接待的小官向他索要见面礼,苏秦没有答应这个无理的要求,那人就故意拖延时间,三天后才让苏秦去见楚王。

苏秦来到楚国王宫,刚一见面,就生气地对楚王说:"我马上就要回去了。"楚王听了,非常奇怪,问:"我听到先生的名字,如同听到古代贤人的名字一样景仰。先生大老远辛辛苦苦地来到这里,刚见面就要走,是为什么呢?"苏秦叹了口气说:"在楚国活不下去呀,这里粮食比珍珠还贵,木柴价格比制作香料的桂树枝还高,大王手下的官吏像小鬼一样难缠,见大王一面更是像见天帝一样难。我在楚国好比吃珍珠、烧香料,还要看小鬼的脸色才能见到您,受这罪干什么呢?"

11 财富和价值 / 昂贵·米珠薪桂

楚王是个虚心爱才的人，听苏秦说完，非常佩服他的口才，心里更是为自己的手下委屈了苏秦而惭愧。他赶紧离开坐席站起身来，客气地道歉说："我都明白了，请先生先到旅舍休息，等先生休息好了，再向您请教。"

之后，苏秦果然说服楚王加入六国合纵联盟（其他五国是齐、燕、韩、赵、魏），团结一致抗击秦国。苏秦自己则被这六个国家都任命为国相，成为同时佩戴六国相印的牛人。

例句

- 在目前米珠薪桂的时节，演不成戏，便没有收入，的确也是一个伟大的威胁。（郭沫若《芍药及其他·雨》）
- 为了节省开支，紫瑶一家决定搬离米珠薪桂的北京，到三线城市去生活。

成语个性

不要误解为形容生活奢侈。成语"食玉炊桂""桂薪玉粒"也出自这一典故。与苏秦有关的成语还有"悬梁刺股""前倨后恭"。

和璧隋珠
hé bì suí zhū

战国·韩非《韩非子·解老》："和氏之璧，不饰以五采；隋侯之珠，不饰以银黄。其质至美，物不足以饰之。"

释 和璧：卞和的宝玉。隋珠：隋侯的夜明珠。指极名贵的珠宝。也比喻像珠宝一样夺目生辉、极其珍贵的人或物。

近义 一狐之腋　奇珍异宝

反义 尘饭涂羹　一钱不值

　　春秋时期，楚国有个叫卞和的人。一天，卞和在山上游玩，突然看到一道白光，他好奇地走过去一看，原来是块石头。这块石头很特别，不但能发出白光，敲打一

下还会发出清脆的声音。卞和凭经验知道，这块石头里一定藏着非常珍贵的白玉。他想，如果请工匠把白玉剖出来，再精心雕琢，肯定会是一件珍宝。

卞和不敢独吞这样的宝贝，就把它献给楚厉王。楚厉王让玉器工匠雕琢它，可是工匠说这只是一块普通的石头。楚厉王听了很生气，认为卞和在骗他，于是下令砍掉卞和的左脚。卞和哭着带着那块石头走了。

几年后，楚厉王死了，楚武王继位，卞和又带着那块石头来到王宫，要献给楚武王。可工匠仍说那只是块普通的石头。楚武王非常愤怒，大骂卞和是骗子，还砍了他的右脚。卞和只好连滚带爬地带着石头回家了。

等到楚武王死后，楚国国君换成了楚文王。卞和仍不死心，他抱着那块石头来到楚山脚下，哭了三天三夜，哭得眼里都流出血来。

楚文王听说后，觉得卞和很可怜，就派人对他说："天底下因为犯罪被砍了脚的又不止你一个，为什么哭得这么伤心？"卞和抹抹眼泪，说："我不是因为被砍了脚伤心，而是因为宝玉被当成石头，忠心的人被当作骗子而难过。"

楚文王叫匠人切开那块石头，大家瞬间都惊呆了：里面果然是罕见的宝玉！楚文王为了奖励卞和的忠心和毅力，就给打磨后的宝玉取名"和氏璧"。

相传，春秋时期隋国的国君隋侯有一次路过水滩，看见一条受伤的小水蛇困在沙滩上，就下马把它挑入水中。

一天夜里，隋侯梦见一个小孩拿着一颗闪闪发光的宝珠，一边对他行礼一边说："当初您救了我的命，现在用宝珠来报答您，请一定收下。"说完就走了。

隋侯醒后，果然看到床头有一颗美丽的夜明珠。于是人们就称这颗明珠为"隋侯珠"。

"和氏璧"与"隋侯珠"并称为"春秋二宝"。后来，人们就用"和璧"和"隋珠"来指代极其珍贵的珠宝。

例句

🌰 去奇伎淫巧，捐和璧隋珠。（唐·张廷珪《论关中饥疏》）

🌰 王爷爷是个收藏家，他家的多宝格里摆的虽然称不上和璧隋珠，可也都是些罕见的宝贝。

成语个性

也可写作"随珠和璧"。和氏璧被雕琢出来后，成为楚国的国宝，后来送给了赵国。战国时期，秦王想要得到这个宝贝，成语故事"完璧归赵"中的璧就是指和氏璧。

敝帚自珍
bì zhǒu zì zhēn

汉·刘珍《东观汉记·光武帝纪》:"一旦放兵纵火,闻之可谓酸鼻。家有敝帚,享之千金。"

释 敝:破旧的。自己家里的破扫帚也当成宝贝。比喻自己的东西虽不好,却非常珍爱。

近义 敝帚千金　　**反义** 弃如敝屣

11 财富和价值 珍贵·敝帚自珍

东汉刚建立的时候，占据巴蜀一带的公孙述仗着当地到处是高山，地势险要，不容易被攻破，便在这里自称皇帝，和东汉的皇帝刘秀对抗。

刘秀多次派人劝公孙述归附东汉，但公孙述态度强硬。刘秀见他根本没有归降的意思，就派将军吴汉、岑彭率大军前去攻打。

岑彭造了几千条战船，准备沿长江逆流而上攻打蜀地。蜀军听说后，在江面上架起浮桥，在水里立起密集的木桩，阻挡汉军的船只。汉军一面和敌军作战，一面放火焚烧木桩，驾船直冲浮桥。经过一番苦战，汉军逐渐逼近了公孙述的老巢，打到了离成都只有几十里的地方。

公孙述派出刺客谎称投降，暗杀了岑彭，这让汉军将士义愤填膺。公孙述拿出他积存的全部珍宝财物，招募到五千多人组成敢死队，对东汉军队进行偷袭，又亲自率领几万人与汉军大战。连战数日后，公孙述的军队被打败，他自己也在战斗中受伤身亡。

汉军的副将刘禹率领士兵冲进成都城里，先把公孙述的全家杀光，又杀了他手下的许多官员，并放火焚烧了公孙述的宫殿。汉军士兵则趁乱四处放火，任意抢夺老百姓的财物，刘禹也不加以制止。

消息传到京城，皇帝刘秀非常生气，立即下圣旨谴责刘禹说：敌人已经死了，他的手下也投降了，满城的老人孩子都是老百姓，你却放火乱杀，实在让人心酸气愤。普通人家过日子，<u>连一把破扫帚也当作宝贝，十分珍惜</u>，更何况是宝贵的生命。可你竟这样残暴，忍心做出这种恶行！"

刘秀撤了刘禹的职务，并严厉批评了主将吴汉。

例句

● 遗簪见取终安用，敝帚虽微亦自珍。（宋·陆游《秋思》）

● 爷爷的近视眼镜已经很旧了，可他敝帚自珍，不愿意配新的，说把省下的钱用来资助山区的孩子读书更有意义。

成语个性

"敝帚千金"和"敝帚自珍"同一出处，后者由前者发展而来，都表示珍惜自己的东西。但"敝帚自珍"多用于自谦，而"敝帚千金"有对自己的东西估价过高的意思。

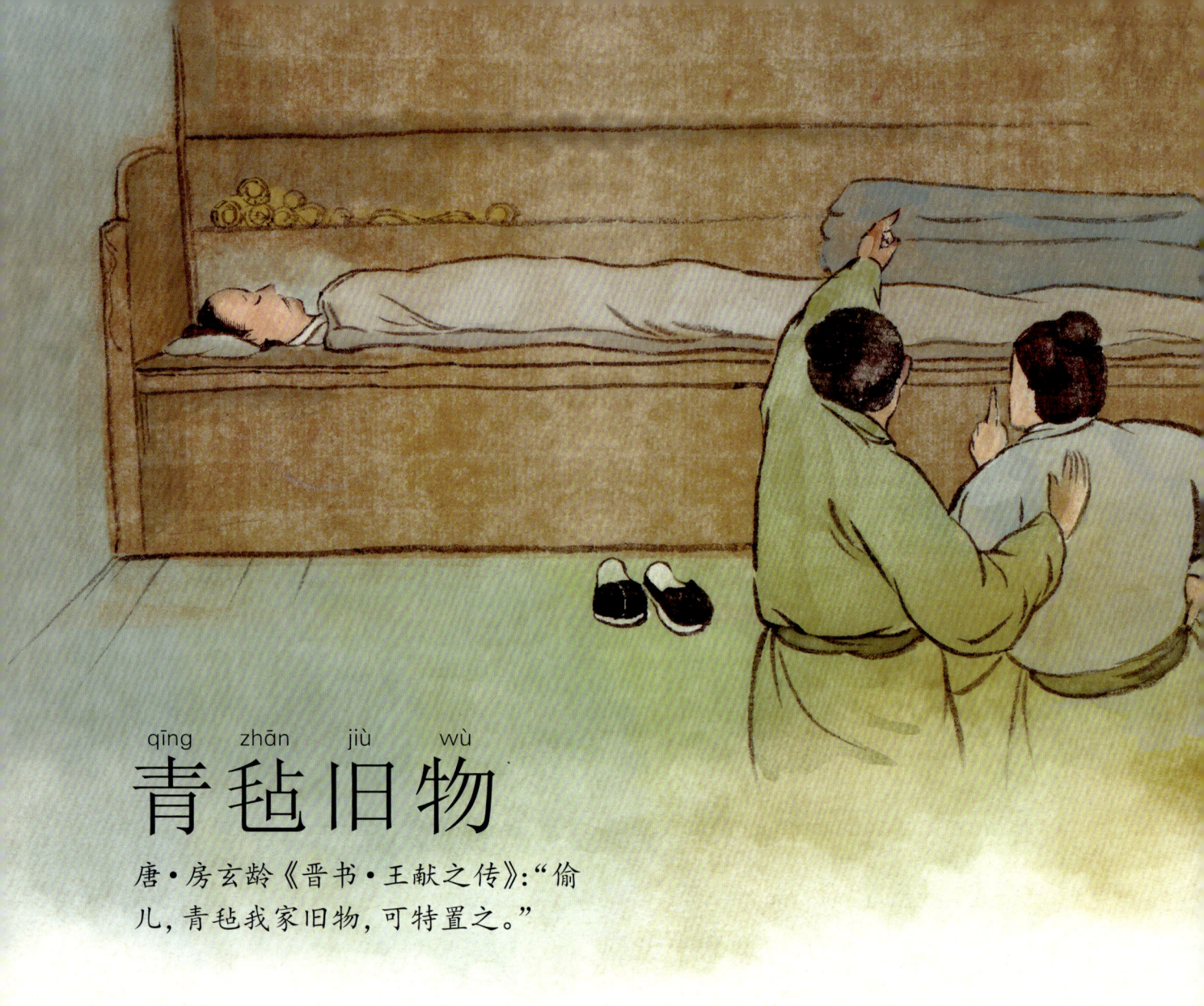

青毡旧物
qīng zhān jiù wù

唐·房玄龄《晋书·王献之传》:"偷儿,青毡我家旧物,可特置之。"

释 青毡子是家传的老物件。比喻家传的珍贵东西。

近义 敝帚千金　**反义** 身外之物

王献之是东晋大书法家王羲之的儿子,从小就跟着父亲学习书法。他七八岁大时,有一次正在练习书法,父亲悄悄走到他身后,猛地伸出手去抽他手中的笔。没想到,献之的小手把毛笔杆握得紧紧的,笔没有抽出来。王羲之点着头赞叹说:"这孩子,将来一定会有大名气。"后来,王献之果然也成长为一位书法大家,和父亲并称为"二王"。

王献之性格豁达、待人宽厚,平时只爱写字、作画、弹琴,不喜欢计较钱财。他

11 财富和价值 / 珍贵·青毡旧物

喜欢夜里读书、练习书法,有时困了就睡在书房里。

一天晚上,夜已经深了,王献之刚在书房的榻上躺下不久,几个小偷就悄悄溜了进来。王献之察觉到有小偷进来,也懒得理会,照旧躺着一动不动。

小偷们到处乱翻,弄出很大的响声,找了好一会儿,也没找到什么值钱的东西。小偷们不甘心,商量着要不要把一块旧的青色毡子拿走。一个小偷嫌弃毡子旧,觉得卖不了多少钱,不值得偷;另一个小偷说也没有什么别的东西可拿,总不能空着手离开。几个人吵吵嚷嚷的,准备再去别的房间找找。

这时,躺着的王献之突然说话了:"别的东西拿走没事,但这青毡子是我家祖上传下来的旧物,必须留下。"

小偷们这才知道主人没有睡着,吓得赶紧扔下东西跑了。

成语个性

也可写作"旧物青毡""旧青毡",可用来泛指先辈留下的物品,有时也引申为祖辈传下来的事业。

例句

- (安老爷)满脸堆欢地向公子道:"此我三十年前故态也。便是里头这几件东西也都是我的青毡故物。"(清·文康《儿女英雄传》)
- 妈妈给珍珍一个竹制笔筒,告诉她这是太外公留下来的,是家里的青毡旧物,要好好爱惜。

未能免俗

wèi néng miǎn sú

南朝宋·刘义庆《世说新语·任诞》:
"未能免俗,聊复尔耳。"

释 俗:习俗。没能摆脱自己并不太放在心上的风俗习惯。

近义 入乡随俗 入境问俗　　**反义** 标新立异 特立独行

　　魏晋时期,阮籍、嵇康、山涛、刘伶、阮咸、向秀、王戎等七个文人,因性格相似、意气相投,经常在竹林里聚会,被人们称为"竹林七贤"。竹林七贤有的能诗会画,有的精通乐器,他们喜欢喝酒游玩,衣着和言行都有些另类。

　　竹林七贤中,阮咸是阮籍的侄子。阮家是当时的一个大家族,但是,阮籍和阮咸都喜欢自由自在的生活,加上当时政治黑暗、战争不断,他们宁愿过着简朴的生活,也不愿意为了挣钱去当大官,因此家里都很穷。当时阮咸和叔叔阮籍住在道路南侧,家族里别的人住在路北,但他们并不眼红住在北面的本家富有。

　　在古代有一个风俗,每到农历七月初七,家家户户都要把平时放在箱子里、柜子里的衣服拿出来,在大太阳底下晒。这样的习俗本意是让人们趁着夏天的阳光炽烈,把冬天的衣服拿出来暴晒一下,防止衣服发霉、生虫,但许多有钱的人家却把这天当作炫耀财富的机会,尽可能晒出更多华丽的衣服。

　　到了这天,只见住在路北边的阮姓人家晒出来许多绫罗绸缎做的衣服,竹竿上晾得重重叠叠,院子里摆得满满当当。而阮咸家里别说绸衣了,就连换洗的粗布旧衣都没几件,没有什么值得晒的。不过,阮咸还是拿了一根竹竿,挑上一条旧裤子挂在了院子里。

　　路过的人看见了,撇撇嘴问:"怎么只晒一条裤子?"阮咸笑笑说:"晒衣是古人留下的风俗,我也不能不按照风俗做,就晒条裤子意思意思吧。"

12 生活和家庭

习俗·未能免俗

例句

- 倘使揭穿了这谜底，便是所谓"杀风景"，也就是俗人，而且带累了雅人，使他雅不下去，"未能免俗"了。（鲁迅《论俗人应避雅人》）
- 看到许多小朋友学钢琴，丝雨的妈妈也未能免俗，给她报了钢琴兴趣班。

成语个性

夏天晒冬衣的风俗流传已久，据说早在汉代，就已经有了晒衣节，不过日期是在农历六月初六。至今在南方很多地区，仍然有六月初六晒冬衣的习俗。

不拘小节
bù jū xiǎo jié

南朝宋·范晔《后汉书·虞延传》:"(虞延)性敦朴,不拘小节,又无乡曲之誉。"

释 拘:拘泥。不拘泥于无关大体的小事。多指不注意生活细节。

近义 不成体统 不修边幅

反义 循规蹈矩 谨言慎行

12 生活和家庭 / 处世·不拘小节

东汉时的虞（yú）延长得很高大，力气也很大。他性格耿直，不肯巴结权贵，生活中不愿被琐碎的规矩礼节所束缚，也就得不到同乡们的赞扬。王莽统治后期，天下大乱，虞延穿上铠甲，手持兵器，防止王莽的士兵抢夺财物、伤害老百姓，很多乡民依靠他才免遭伤害，人们都很感激他、尊敬他。

刘秀推翻王莽当上皇帝后，听说虞延贤能，对他非常赏识。有一年，刘秀去东部巡视，让虞延跟着一起去。回京城洛阳的路上经过封丘县城门，城门非常矮小，皇帝的仪仗过不去。刘秀觉得没面子，很生气，下令狠狠地鞭打负责一路上行程安排的侍御史。虞延是当地负责督察官员工作的督邮，他立即跪下对刘秀说："是我不好，作为督邮考虑不够周到，不能怪侍御史。"虞延勇于担当的态度感动了刘秀，于是下诏免去了对侍御史的惩罚。

虞延一路护送皇帝的车驾到自己辖地的西部边界，回去时皇帝赏赐给他很多钱，还有宝剑、佩刀等物品，这更是让虞延声名大振。

后来，虞延当上了洛阳的县令。当地有个叫马成的人是皇后的亲戚，经常仗势欺人，老百姓都很痛恨他，却惹不起他。虞延下令抓捕了马成。很多人为了讨好皇后，纷纷找虞延说情，虞延每接到一封求情信就加打马成二百鞭子。

有人向皇帝刘秀诬告虞延，说他冤枉了马成，刘秀亲自前去查问案情。虞延让案情还需要再审定的犯人都站在东边，确定有罪的犯人站在西边。马成一听，赶紧往东边走，虞延上前抓住他说："你这祸国殃民的大蛀虫，长期以来仗着有人替你撑腰逃脱责罚，现在证据确凿，还不认罪伏法！"马成大喊"冤枉"。皇帝的贴身侍卫用戟抵着虞延，让他放了马成，虞延一口拒绝了。刘秀知道虞延这样做绝不是出于私心，对马成说："你这是罪有应得。"几天后就杀了马成。从此，皇帝的亲戚也不敢无法无天了。

例句

- 此人廓达之才，不拘小节。（明·冯梦龙《东周列国志》）
- 爱因斯坦把大量精力都投入到科学研究中，生活上不拘小节，吃穿都很随意。

成语个性

褒义词，不可误用为贬义词。常用的成语连用形式有："不拘小节，不修边幅""风流倜傥，不拘小节"。

莼 chún 羹 gēng 鲈 lú 脍 kuài

唐·房玄龄《晋书·张翰传》："翰因见秋风起，乃思吴中菰（gū）菜、莼羹、鲈鱼脍。"

12 莼羹鲈脍

释 莼：莼菜。脍：切得非常细的肉。指吴地风味特佳的名菜，也指家乡的美味菜肴，或是比喻怀念家乡的心情。

近义 莼鲈之思　珍馐美味　山珍海错　　**反义** 乐不思蜀　残羹冷炙　粗茶淡饭

晋代有一个叫张翰的人，很有政治远见。齐王司马冏当权时，张翰是他的下属官员，职位不高，也没有机会做出成绩。

当时的社会局势很混乱，八个诸侯王为了争夺国家大权成天打来打去，官员之间也勾心斗角。张翰从司马冏的表现中，预见到他很快就会垮台，为了避免自己跟着倒霉，想尽快离开。

当时，因为战乱，很多有名望的人都不愿意做官。张翰也想像他们一样去隐居，但又有点不舍得放弃眼前的利益，所以一直没有下定决心。

秋天到了，洛阳的树开始落下一片片叶子。有一天，秋风很大，张翰感到又冷又凄凉，突然想起家乡：老家苏州一带温暖如春，还有好吃的莼菜羹、鲈鱼脍等许许多多美食……想到家乡，张翰忍不住自言自语起来："人一生应该按照自己的理想生活，故乡有那么多值得留恋的东西，何必在千里之外的他乡，做这个受拘束的小官呢？"

终于，张翰不再迟疑，向司马冏辞了官，回到了自己想念的家乡。

张翰辞官后不久，司马冏就开始谋反，后来兵败被杀，他的同党也被夷灭三族，被牵连杀害的有两千余人。张翰因为及时辞官回了老家，没有被连累，大家都说幸亏他有先见之明。

例句

🍂 意倦须还，身闲贵早，岂为莼羹鲈脍哉！（宋·辛弃疾《沁园春·带湖新居将成》）

🍂 对于长年离家在外的人来说，再多的山珍海味、珍馐美馔也不比上家乡的莼羹鲈脍。

成语个性

莼菜有点儿像小荷叶，是一种多年生水草，嫩叶可以食用。莼菜本身没有味道，但是与其他食材一起做成汤羹，口感鲜美滑嫩，非常美味。成语"莼鲈之思"也出自这个故事。

闲云野鹤
xián yún yě hè

宋·尤袤(mào)《全唐诗话》:"州亦难添,诗亦难改,然闲云孤鹤,何天而不可飞?"

释 飘浮的云,野游的鹤。比喻不受拘束、自由自在的人。

近义 无拘无束 萍踪浪迹　　**反义** 身不由己

贯休是五代十国时期的高僧,他多才多艺,诗写得好,草书也非常有名,他画的《十六罗汉图》更是传世佳作。

有一年,贯休云游来到杭州,一下子被杭州的美丽风景吸引了,决定在这里多住些日子。

当时,杭州属钱镠(liú)管辖。钱镠这个人很有意思,因为出生时长相难看,哭声尖利,差点被父亲当怪物扔进井里,幸亏奶奶(阿婆)可怜这个小生命,才把他留下,因此小名叫"婆留"。婆留长大后表现出出色的政治才干。他还会写诗,经常邀请文朋诗友聚会,谈论诗文。

贯休到杭州不久,钱镠就听说了,他立即邀请贯休到他的府衙做客。贯休也早听说钱镠喜欢诗歌,很高兴地前去赴约。因为钱镠不久前刚刚立功升官,贯休写了一首诗为钱镠祝贺,诗里用"满堂花醉三千客,一剑霜寒十四州",大力赞扬钱镠的功绩。

钱镠读着贯休为他写的诗,连声说好。突然,他想:连贯休都写诗赞扬我,可见我确实了不起。我这么有本事,管辖十四个州,地盘太小了点儿,哪里有当雄踞一方的霸主过瘾呢?想到这里,钱镠满脸堆笑,对贯休说:"您这诗写得太好了,如果把'十四州'改为'四十州',那就更好了。"

12 生活和家庭 / 隐士·闲云野鹤

贯休不喜欢钱镠不切实际的野心，但作为出家人，他也不想让钱镠难堪，于是不动声色地拿起笔，在纸上写道：将军您的州难添，和尚我的诗也难改。我只是一片闲散的云、一只孤飞的鹤，哪儿的天空不能飞翔呢？

贯休写完，潇洒地掸掸僧袍，向钱镠告别。钱镠自己讨了个没趣，只好自嘲地一笑，送他离去。

例句

- 独有妙玉如闲云野鹤，无拘无束。（清·曹雪芹《红楼梦》）
- 爷爷退休了，想去哪里玩就去哪里，这种闲云野鹤般的生活真让小鸣羡慕。

成语个性

也写作"野鹤闲云""闲云孤鹤"。

枕石漱流

汉·曹操《秋胡行》:"名山历观,遨游八极,枕石漱流饮泉。"

释 枕着石头睡觉,用溪流漱口。指隐居山林的生活。

近义 山栖谷饮 岩居穴处

晋代的孙楚非常有才能,不仅能言善辩,而且性格直率。他年轻时一度想要找个山清水秀的地方隐居起来,过自由自在的生活。

一天,孙楚的好朋友王济来看他。谈起未来的打算,孙楚说:"我打算不久就去做个隐士,过那种漱石枕流的简单生活。"本来他想说的是"枕石漱流",因为激动,一时口误,正好给说反了。王济听了,故意打趣他:"你能用石头漱口,枕着水流睡

12 生活和家庭 / 隐居·枕石漱流

觉啊？"

孙楚明白自己把话说颠倒了，但他反应极快，机智地辩解道："我就是要枕着流水，这样方便洗耳朵，让耳根子清净，不行吗？再用石头漱口，磨磨我的伶牙俐齿，不好吗？"

王济被逗得哈哈大笑，一边拱手，一边说："佩服！佩服！"

孙楚性格高傲，但对王济很亲和，两人的友谊保持了一生。

后来，王济去世，名士们纷纷前往哀悼。孙楚听到消息，一路哭着来到王济的灵堂，趴在灵床前哭得昏天黑地，根本不理会那些假模假样吊唁的名士。哭了一会儿，他用手背抹了一下脸上的泪水说："你以前最喜欢听我学驴叫，现在我再给你学一次吧！"说着就认认真真地学起驴叫来。

孙楚学得太像了，参加葬礼的人们都哈哈大笑起来。孙楚心里厌恶他们在朋友的灵位前大笑，白了他们一眼，冷冷地说："你们都还活着，这个人却死了！"说完，不等丧礼结束，自顾自地哭着走了。

例句

- 只如野逸高士，尚解枕石漱流。（宋·释道原《景德传灯录》）
- 户外生存挑战可是很艰苦的，并不总是枕石漱流那样惬意。

成语个性

也可写作"漱流枕石"。本故事出自南朝宋代刘义庆的《世说新语》。

卜昼卜夜

bǔ zhòu bǔ yè

春秋·左丘明《左传·庄公二十二年》："臣卜其昼，未卜其夜，不敢。"

释 卜：占卜，算卦。形容不分昼夜地喝酒玩乐。

近义 通宵达旦　**反义** 适可而止

在古代，人们很相信占卜、算卦，遇到各种大事小情，大到国家之间的战争、结盟，小到老百姓生孩子、治病、盖房子、出远门，都喜欢先算上一卦来预测吉凶祸福。春秋时期，还有人用算卦为借口，巧妙地对得罪不起的国君下了逐客令。这个人就是陈国国君的兄弟敬仲。

敬仲因为和国君闹矛盾，在陈国待不下去了，只好投奔了齐国。敬仲虽然是逃难来的，齐桓公却对他非常好，想请他做卿。敬仲推辞道："您让我住在这里，给了这么好的生活条件，我已经感激不尽了，哪里还敢当卿呢？"齐桓公只好让他担任一般官员，但给他很优厚的待遇。齐桓公怕敬仲心情不好，还经常抽时间来陪他聊天、游玩。因此，敬仲一直对齐桓公怀有感激之心。

有一天，齐桓公又来到敬仲家里，敬仲叫人摆开宴席，拿出好酒招待。齐桓公越喝越高兴，忘记了时间。不知不觉，太阳落山了，齐桓公还丝毫没有要走的意思。天渐渐黑了，屋子里一片昏暗，敬仲也不吩咐人点灯。

齐桓公说："敬仲啊，怎么天都黑了还不点灯啊？来来来，快把灯都点上，咱们接着喝！"

敬仲却恭恭敬敬地对齐桓公施了一礼，说："主公啊，您今天来之前我算了一卦，您白天在这里喝酒很吉利，但是夜晚喝酒是不是吉利，我没有算卦占卜啊，所以不敢点灯。"齐桓公是个明白人，自己想想，也觉得整日整夜地玩乐会搞坏身体，于是就起身告辞了。

12 生活和家庭／游乐　卜昼卜夜

例句

- 把这些指挥官们召集在这列花车里,卜昼卜夜、昏天黑地,一起比大欢喜(一种游戏)。(徐铸成《何成浚与叶蓬》)
- 卜昼卜夜地玩电子游戏对身体伤害很大,大家一定要有所节制。

成语个性

也写作"卜夜卜昼"。

披星戴月
pī xīng dài yuè

元·郑廷玉《冤家债主》:"有这大的个孩儿,多亏了他早起晚眠,披星戴月,挣揣下这个家私。"

释 身披星星,头戴月亮。形容早出晚归,辛苦操劳,或指夜间赶路,旅途艰辛。

近义 早出晚归 起早贪黑 风餐露宿 **反义** 悠闲自在 无所事事 游手好闲

春秋时期的大教育家孔子,一生教过三千名学生,其中非常贤能的有七十二人,宓(fú)子贱就是其中的一个。

宓子贱做县官时,天天坐在公堂上弹琴,看起来对工作不怎么上心,可是当下属办理公务遇到麻烦时，经他指导几句，问题很快就得到了解决。因此，宓子贱连官府门都不用出，每天舒舒服服地坐着弹琴、唱歌，就把整个县治理得很好，大家都很佩服他。

宓子贱任期到了，接替他当县官的是巫马子期。巫马子期工作非常勤奋，每天天不亮就起床，到大堂上处理公务时天上还挂着星星，从早忙到晚，月亮升起很高才回家。

一年到头，巫马子期都是披着星星上班，顶着月亮下班。他很纳闷：同样是治理这个县，我起早贪黑都快累吐血了才能把每天的公务处理完，为什么宓子贱只是坐在堂上弹琴唱歌就能把事做好呢？

他想来想去，怎么也想不明白，就跑去问宓子贱："老兄，你每天玩着就能处理好公务，有什么秘诀吗？"宓子贱哈哈大笑，说："哪有什么秘诀，我只不过是敢于放开手，让合适的人去做合适的事罢了。而兄弟你无论大小事情都要亲手去办，能不累吗？"

巫马子期听完明白了，是自己不懂得放权给下面的人，这才造成工作效率低下啊！

例句

- 每日早出晚归，两头披星戴月，白天看不见他们的影子。（刘绍棠《花街》）
- 为了把快递尽快送到每个人的手里，快递员们每天披星戴月地工作，非常辛苦。

成语个性

也可写作"戴月披星"。本故事出自战国吕不韦的《吕氏春秋·察贤》。宓子贱的故事后来演变出一个典故"鸣琴而治"，用来称赞地方官政绩良好，也比喻政简刑轻，无为而治。

病入膏肓

bìng rù gāo huāng

春秋·左丘明《左传·成公十年》："疾不可为也，在肓之上，膏之下，攻之不可，达之不及，药不至焉，不可为也。"

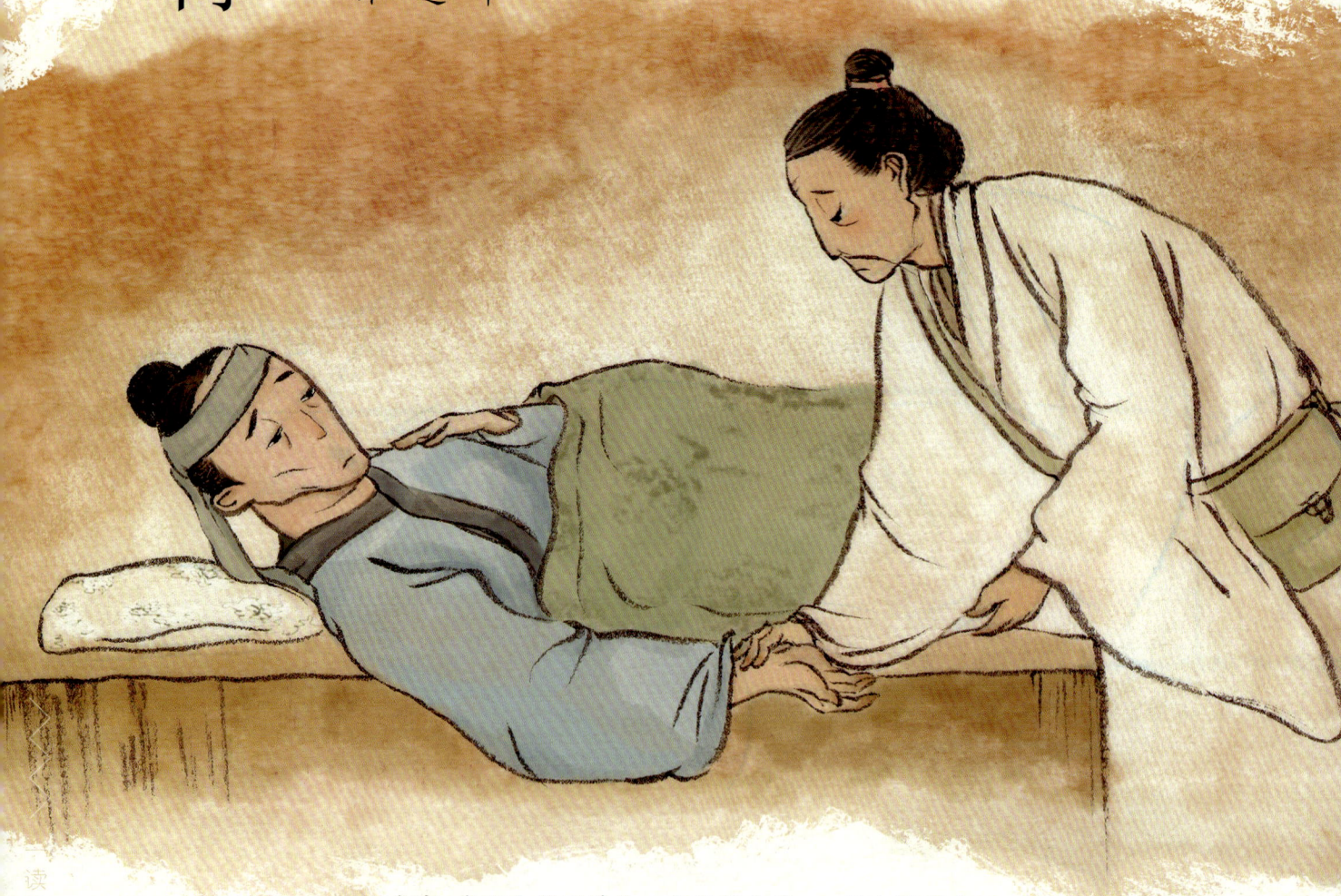

释 膏肓：我国古代医学称心尖脂肪为膏，心脏与膈膜之间为肓，认为膏肓是药力达不到的地方。指病情严重到不能医治的地步。也比喻情况严重，无法挽救。

近义 不可救药 疾不可为　**反义** 霜露之疾 疥癣之疾

疾病·病入膏肓

春秋时期，晋国的国君晋景公病得很重，叫来好多医生看过，都治不好。大臣们打听到秦国有一个叫缓的名医，医术非常高明，于是立即派人去请。

就在缓赶去晋国的路上，晋景公躺在病床上迷迷糊糊地进入了梦乡。梦中，他的病变成了两个小孩，他吃惊地看着他们从自己的身体里钻出来，嘀嘀咕咕地不知道在说些什么。

晋景公竖起耳朵听了一会儿，终于听见一个说："听说那个缓很厉害的，他要来了，我们躲到哪里好呢？"刚说完，另一个冷笑一声说："哼！缓有什么了不起？不用怕，我们躲到肓的上面、膏的下面，不管他什么厉害的药，都药不到我们。""哈哈，管他什么名医，都拿我们没办法了……"两个小孩在他枕边又蹦又跳，笑声听起来非常刺耳。

晋景公又气又怕，想大声呵斥他们，却只发出一声呻吟。身边的人知道他做噩梦了，立即轻轻摇醒他。

就在这时候，有人来报告说名医缓到了。

晋景公睁开眼看看四周，立即让缓给他看病。缓仔仔细细地检查了一遍，苦着脸说："这病治不了了。病生在肓上面、膏下面，那里用艾灸没有用，扎针又够不到，吃汤药吧，药效也到不了那里。"

晋景公听缓说完，想起刚才的梦，见医生说的和自己梦见的一样，于是叹着气，点点头说："不愧是名医，真高明啊。"说完摆摆手，叫人用厚礼打发缓回秦国去了。

晋景公哼哼唧唧，好不容易挨到六月。一天，他说想吃新收的麦子。侍候的人立即把新麦弄来，拿到厨房里煮了。等把煮好的新麦端来，晋景公刚要吃，忽然想去上厕所。晋景公被人搀扶着还是站不稳，一不小心掉进便池里，淹死了。

例句

● 何期病入膏肓，命垂旦夕，不及终事陛下，饮恨无穷。（明·罗贯中《三国演义》）

● 为了逃避上学，子璇装得跟病入膏肓似的，其实只是普通感冒。

成语个性

肓，不要误写成"盲"。"病入膏肓"和"不可救药"都形容病势严重，无法医治。但"病入膏肓"强调的是病情或事态严重，"不可救药"则更侧重无法挽救。

苟延残喘
gǒu yán cán chuǎn

宋·陈亮《与范东叔龙图》："亮自七八月之交，一病垂死，今幸苟存延喘，百念皆已灰灭。"

释 苟：苟且，勉强。延：延续。残喘：仅存的一口气。拖着一口气没断，比喻勉强维持生存。

近义 垂死挣扎　　**反义** 油尽灯枯

赵简子是春秋时期晋国的大夫，平日喜欢打猎。一天，赵简子到中山去打猎。突然，从树林中蹿出一只大灰狼，赵简子拿出弓箭，对准那只狼射去，只听"嗖"的一声，整支箭都射进了狼的身体里，几乎连箭尾的羽毛都看不见了。狼惨叫一声，身上带着箭拼命地逃跑，赵简子驾着马车在后面紧紧追赶。

那只狼跑着跑着，看见一个书生正走在路上，手里牵着一头毛驴，驴背上驮着一口袋书。狼狂奔过来，把书生吓了一大跳。狼说："别怕，我不会吃你。我现在受了伤，后面还有猎人追赶，请让我躲进你的书袋里，勉强留一口气活命吧。"

这个书生是当时的一位大学者东郭先生,他很怕狼,犹豫着不知道该怎么办。狼可怜巴巴地央求他说:"看先生一定是个有志于拯救天下万物的人。以前,毛宝将军放生了一只小白龟,后来他兵败逃命的时候,幸亏那只乌龟背着他才过了江;隋侯救了一条蛇,蛇衔来夜明珠报答他。你现在如果救了我,我以后一定会像龟、蛇那样报答你的。"东郭先生被狼说得心软了,就把口袋里的书倒在地上,让狼钻进去,上面再盖上他的书。

赵简子追上来,问东郭先生:"先生看到一只狼没有?"东郭先生摇摇头说:"没看见。"赵简子又急忙向前追去。

等赵简子和随从走远了,东郭先生把狼从口袋里放出来。狼伸了个懒腰,呲牙咧嘴地说:"饿死了,救人救到底,就让我把你吃了吧!"说完就朝他扑过去。东郭先生吓得腿都软了,大叫救命。

附近一个锄地的农民听到喊声,连忙过来问怎么回事。东郭先生把事情的经过说了一遍。聪明的农民听完笑了起来:"我才不信狼能钻进口袋呢!我要亲眼看见才信。如果狼钻不进口袋,就是你在撒谎,活该让狼吃了你。"狼听完,立即把头伸进口袋里,一边往里钻一边说:"看见了吧……"等狼一钻进去,农民立即扎上口袋,举起锄头把它打死了。

🌰 例句

🍃 然而在他已经饿了好几天,穷得当卖俱无,虽只区区四金,倒也不无小补,又可以苟延残喘得好几日了。(清·李宝嘉《官场现形记》)

🍃 聪聪本来是一只在垃圾桶边苟延残喘的小猫,被主人收留救治后,六个月就长成一只漂亮的大白猫了。

成语个性

本故事出自明代马中锡的寓言故事《中山狼传》,"中山狼"后来也被用来形容忘恩负义、恩将仇报的人。

12

生活和家庭 / 垂死·苟延残喘

死得其所

sǐ dé qí suǒ

北齐·魏收《魏书·张普惠传》："人生有死，死得其所，夫复何恨？"

释 所：处所，地方。得其所：得到合适的地方。死得有价值，有意义。

近义 死而后已 为国捐躯 死不足惜　**反义** 死有余辜

张普惠是南北朝时期北魏的大臣，他对国家忠心耿耿、尽职尽责，敢于提出自己的意见，在朝廷享有很高的声誉。

这一年，胡太后的父亲，也就是皇帝的外祖父去世，朝廷准备追封他为相国、太上秦公。张普惠认为，前代皇后的父亲从来没有用过"太上"这么尊贵的封号，建议朝廷不要这样做。大臣们听后，没有一个人敢附和他的意见。

太后亲自召集五品以上官员一起讨论这件事。许多官员为了讨好太后，坚持说封"太上"的称号合理。张普惠面对官员们的轮番质问，和他们据理力争，丝毫不屈服。太后对张普惠说："我这样做是出于孝心，你坚持上奏是出于忠臣的职责。但既然大臣们都商量已定，你就不要再阻止我孝敬父亲了。不过，以后有什么意见，还是希望你能够直言进谏。"太后的话说得漂亮，但意思还是要坚持用"太上"的封号。张普惠只得听命。

张普惠这次被召来议事时，是宫里传报的人突然骑着快马来到他家通知的，催促得很急，传报的人连马都没下，就骑在马上等着带他去见太后。张普惠的几个儿子以为太后要找他麻烦，担心父亲一去不回，都吓得大哭起来。

张普惠对儿子们说："我担负着给朝廷提意见的职责，如果不说别人不敢说的话，不去劝阻别人不敢劝的事，只当老好人，就是失职，等于空领俸禄吃白食。人最终都难免一死，只要死得有价值、有意义，又有什么可抱怨的呢？放心吧，朝廷还是讲道理的，你们不用怕。"

结果是，太后并没有处罚他，还下旨赏赐了他。张普惠议完事平安回到家中后，亲友们都来看望他，祝贺他躲过了一劫。

例句

- 有心杀贼，无力回天。死得其所，快哉快哉！（谭嗣同《狱中绝笔》）
- 地震中一位年轻的妈妈为了保护自己的孩子死去了，她死得其所，令人又尊敬又痛惜。

一抔之土
yì póu zhī tǔ

汉·司马迁《史记·张释之列传》："假令愚民取长陵一抔土,陛下何以加其法乎?"

释 一抔：一捧。一捧黄土。代指坟墓。

张释之是汉文帝时期的大臣，很受汉文帝器重。

有一次，张释之陪着汉文帝一起去长陵（文帝的父亲汉高祖刘邦的陵墓）祭拜，正好碰上高祖庙里的玉环被人偷了。小偷被抓住后，带到汉文帝面前。汉文帝怨恨小偷竟敢冒犯皇家的威严，下令狠狠地惩罚，杀他全家。

张释之对汉文帝说："按法律规定，偷帝陵的物品只应判处死刑。"汉文帝气得眉毛倒竖，吼道："简直是无法无天！偷先帝陵庙中的东西，杀他全家都不解恨，你却说只杀他一个人，这怎么行？"

见皇帝发怒，张释之虽然害怕，但也不想因此就破坏法律。他把官帽摘下来，跪在地上叩头说："陛下，法律有此规定，这样的惩罚合理合法啊。何况即使罪名一样，还要区分情况轻重呢。小偷只是偷了祖庙里的东西，您就要杀光他的全家，那要是有人挖走帝陵上的一捧土（在古人看来，挖坟墓的土比偷东西更严重），该怎么判刑呢？"汉文帝赌气不再说话。

过了几天，汉文帝去看望太后，又说起这件事，抱怨张释之不按照自己的意图办案。太后听了，和蔼地笑笑，说："张释之执法很公道，法律摆在这儿呢，不能因为你是皇帝就偏袒你。再说，为一个玉环就杀人全家确实太过分了。"汉文帝只好下令饶过了小偷的家人。

张释之忠于职守，秉公执法，受到老百姓爱戴，他的美名一直流传至今。

12 生活和家庭 / 死亡·一抔之土

例句

- 一抔之土未干,六尺之孤何托?（唐·骆宾王《为徐敬业讨武曌檄》）
- 艾拉的金鱼死了,她伤心地把它埋在花园里,每天早晨,她都要到花园里看看那一抔之土。

成语个性

也写作"一抔黄土"。抔,不要写成"杯"。

老当益壮
lǎo dāng yì zhuàng

南朝宋·范晔《后汉书·马援传》:"丈夫为志,穷当益坚,老当益壮。"

释 当:应当。益:更加。年纪虽老,志气却更加豪壮,干劲更大。

近义 老骥伏枥 壮心不已 宝刀不老

反义 未老先衰 老态龙钟 老气横秋

马援是东汉时期的名将,他年轻时在家乡扶风郡(在现在的陕西省境内)担任督邮(官名),负责代表太守督察县乡政务、传达行政命令等工作。

有一年,太守派马援押送犯人去监狱。走到半路,马援觉得犯人很可怜,不愿意看着这个并不坏的人去服刑,就偷偷让他逃走了。私自放走犯人是很严重的罪行,马援也不敢回去了，只好逃到北方人烟稀少的荒漠之地躲了起来。

幸运的是，不久之后就遇上朝廷大赦，也就是皇上下令对部分犯人以前犯下的罪行不再追究，马援这才敢出来活动，从此养牲畜、种庄稼，过起日子来。

几年以后，马援就成了一个大财主，家里养着几千头牛羊，仓里有好几万斤粮食。但马援并不只为了自己过上富裕的好日子，他喜欢帮助别人，经常把自己积攒的钱、粮食、牛、羊等送给他的兄弟、朋友和附近的穷人。

有人问他为什么要这样做，马援说："钱财货物这些东西，好就好在可以用来帮助穷人。如果只顾着把钱财搂在自己怀里，不就是个守财奴吗，这有什么意思呢？"他平时还常对朋友们说："男子汉应该志向远大，越是穷困的时候，志向越要坚定；年纪越大，志向越应该豪壮。"

王莽统治末期，天下大乱，各地英雄纷纷起义，马援投奔了后来的光武帝刘秀。刘秀对他非常信服，十分倚重他的军事才能。马援率军南征北战，为刘秀统一天下立下了赫赫战功，成为东汉著名的开国功臣。

🍪 例句

- 老当益壮，宁移白首之心；穷且益坚，不坠青云之志。（唐·王勃《滕王阁序》）
- 爷爷退休多年了，还义务给小朋友辅导英语，说越老越不能闲着，应该老当益壮。

成语个性

和马援有关的成语还有"马革裹尸""薏苡明珠"。马援一生征战无数，被封为"伏波将军"，最后在平定岭南的战争中病逝。现在广西桂林等地还立有伏波将军雕像，人们至今仍在纪念他。

12 生活和家庭 / 老人·老当益壮

让枣推梨
ràng zǎo tuī lí

唐·姚思廉《梁书·王泰传》："年数岁时，祖母集诸孙侄，散枣栗于床上，群儿皆竞之，泰独不取。"南朝宋·范晔《后汉书·孔融传》唐·李贤注引《孔融家传》："年四岁时，每与诸兄共食梨，融辄引小者。"

释 相互推让食物给对方。比喻兄弟之间友爱礼让。

近义 兄肥弟瘦　兄友弟恭　手足之情　　**反义** 兄弟阋墙　骨肉相残　同室操戈

南北朝时的王泰从小对人有礼貌，懂谦让。

王泰才几岁时，有一次，奶奶把孩子们都叫来，说要给大家分好吃的。孩子们听说有好吃的，不一会儿都到齐了。奶奶端出一盘红枣、栗子等干果，哗啦一下倒在床上。孩子们立即爬到床上去哄抢，只有王泰斯斯文文地站在一旁没有动。

奶奶笑眯眯地在旁边看着，见王泰不动，问："你怎么不去和他们抢啊？"王泰笑笑说："不用去抢，等他们都拿了我吃剩下的。"奶奶摸摸王泰的头，心里美滋滋的。

东汉末年的大文学家孔融，小时候也是一个乖巧懂事的孩子。他刚四岁就懂得礼让，把好东西留给别人。每次和哥哥们一起吃水果，孔融都拿最小的。

有一次，孔融又主动拿了一个最小的梨，母亲有点儿心疼地问："为什么你总是拿最小的呢？"孔融说："我年龄最小，按理就该吃小梨子。"母亲听了，笑着把小孔融搂在怀里，夸他说："你从小就知道礼数，母亲很为你高兴。"小孔融得到母亲的表扬，觉得手里的梨子吃起来都格外甜了。

后来，人们把王泰和孔融的故事合在一起，形成了"让枣推梨"这个成语。

成语个性

也写作"推梨让枣"。中国的成语大多来自于历史典故、神话传说，常见的是一个成语来源于一个故事，也有同一个故事产生了好几个成语的。此外，还有把两个故事合在一起形成一个成语的，如让枣推梨、沉鱼落雁、期期艾艾、囊萤映雪、悬梁刺股等等。

例句

- 昨宵梦里分明见，让枣推梨在眼中。（明·杨慎《高峣雨中闷坐以果实散诸村童因忆儿辈》）
- 香囡和哥哥、弟弟互敬互让，总是让枣推梨，从来不争抢零食、玩具。

12 生活和家庭 · 亲情 · 让枣推梨

舐犊情深
shì dú qíng shēn

南朝宋·范晔《后汉书·杨彪传》:"愧无日䃅先见之明,犹怀老牛舐犊之爱。"

释 舐:舔。犊:小牛。老牛深情地舔它的小牛犊。比喻父母疼爱子女,感情很深。

近义 推燥居湿 倚门倚闾　　**反义** 大义灭亲 六亲不认

东汉末年,丞相曹操手下有个掌管文书的官吏叫杨修。杨修聪明过人,很有才华,可他有个很大的缺点,就是骄傲自大,经常耍一些小聪明捉弄曹操,曹操事后反应过来,心里对杨修很恼恨。

后来,曹操率大军在汉中打仗,战事陷入僵局。一天晚上,曹操看到晚饭里的鸡肋骨,随口说了句"鸡肋"。鸡肋骨"食之无味,弃之可惜",杨修听出曹操想要放弃汉中、撤军离开的意思,于是又卖弄小聪明,让士兵们收拾好东西准备明天撤军。这下可彻底惹恼了曹操，借口杨修泄露军机，扰乱军心，令人把他推出去斩了。杨修聪明反被聪明误，就这么死了。

杨修的父亲杨彪之前是朝廷的高官，后来因为曹操专权，就称病退休了。杨彪老年失去了儿子，非常伤心。

一天，曹操碰到杨彪，见他满脸愁容，关心地问："您最近身体还好吗？怎么瘦了这么多？"杨彪擦着眼睛说："汉武帝身边有个叫金日磾（mì dī）的官员，把两个儿子送给汉武帝，让他们在宫中侍奉。后来，金日磾发现儿子们在宫中做了许多坏事，一狠心就杀了他们。我很惭愧没教育好杨修，也不能像金日磾那样自己杀掉不成器的儿子，老了老了，却有着老牛舔自己的小犊子那样的爱子之心啊！"

曹操知道杨彪是在责怪自己杀了他儿子，但他的话说得这么委婉，曹操也不好发作，只好装模作样地安慰了他一番。

12 生活和家庭 / 亲情·舐犊情深

例句

🍪 安老夫妻暮年守着个独子，未免舐犊情深，加了几分怜爱。（清·文康《儿女英雄传》）

🍪 每次爸爸一回家，奶奶总是忙着给爸爸做好吃的，嘴里还不停地问这问那，真是舐犊情深啊。

成语个性

该成语有多个变形，可写作"老牛舔犊""舐犊之情""舐犊之爱"。

93

倚门倚闾
yǐ mén yǐ lǘ

汉·刘向《战国策·齐策六》："女朝出而晚来，则吾倚门而望；女暮出而不还，则吾倚闾而望。"

12 生活和家庭 / 亲情·倚门倚闾

释 闾：古代胡同的门。形容父母盼望子女回家的殷切心情。

近义 望眼欲穿

　　战国时期，齐国有个大夫叫王孙贾，他十五岁时就被召进宫里给齐湣（mǐn）王当侍臣。

　　年纪这么小就要去给国君做事，王孙贾的母亲很不放心。每次王孙贾出门，母亲总是嘱咐了一遍又一遍，让他早点儿回家。有时候，宫里有事耽误了，母亲就很担心，总是焦急地倚在街门上，眼巴巴地望着儿子回家的方向。

　　过了几年，燕国攻打齐国，齐国的都城临淄被占领，齐湣王吓得逃跑了。当时，王孙贾没在他身边，听说国君跑了，就赶紧去追。可是找到天黑也没有找到齐湣王，王孙贾只好失望地回家了。

　　一直在担心的母亲见儿子回来了，虽然心里很踏实，但还是冷着脸问："燕兵杀进都城来了，你不保护君王，为什么回来？"王孙贾说："我找了大半天也没找到大王。"母亲更加生气了，提高声音说："你每天早上出门，晚上回来，我都倚在家门口等你；你晚上出门，夜深了还不回来，我就靠在里巷的门口等你。但是，你虽然年纪小，也应该忠于职守。身为大王的侍臣，现在却不知道大王在哪儿，那你还回家干什么？"王孙贾听了，低下头说："我这就去找。"说完，转身走进夜色里。

　　齐湣王逃出都城后，跑到莒（jǔ，现在的山东省莒县），被楚国将领淖齿杀死了。赶来的王孙贾听说淖齿杀了他们的国君，在街市上冲着人们大声呼喊："淖齿祸乱齐国，杀了湣王，想跟我一起去讨伐淖齿的，就脱下右边的袖子！"当时响应的有四百多人，王孙贾率领大家杀死了淖齿。

例句

● 倚门倚闾久相望，不可以留行束装。（清·黄遵宪《别赖云芝同年》）

● 晓彤还记得上小学的时候，每次放学，外婆都在小区门口倚门倚闾地等她回家。

成语个性
也可写作"倚闾而望""倚闾之望"。闾读lǘ，不要误读成lǚ。

扇枕温衾
shān zhěn wēn qīn

汉·刘珍《东观汉记·黄香传》:"黄香事亲,暑则扇枕,寒则以身温席。"

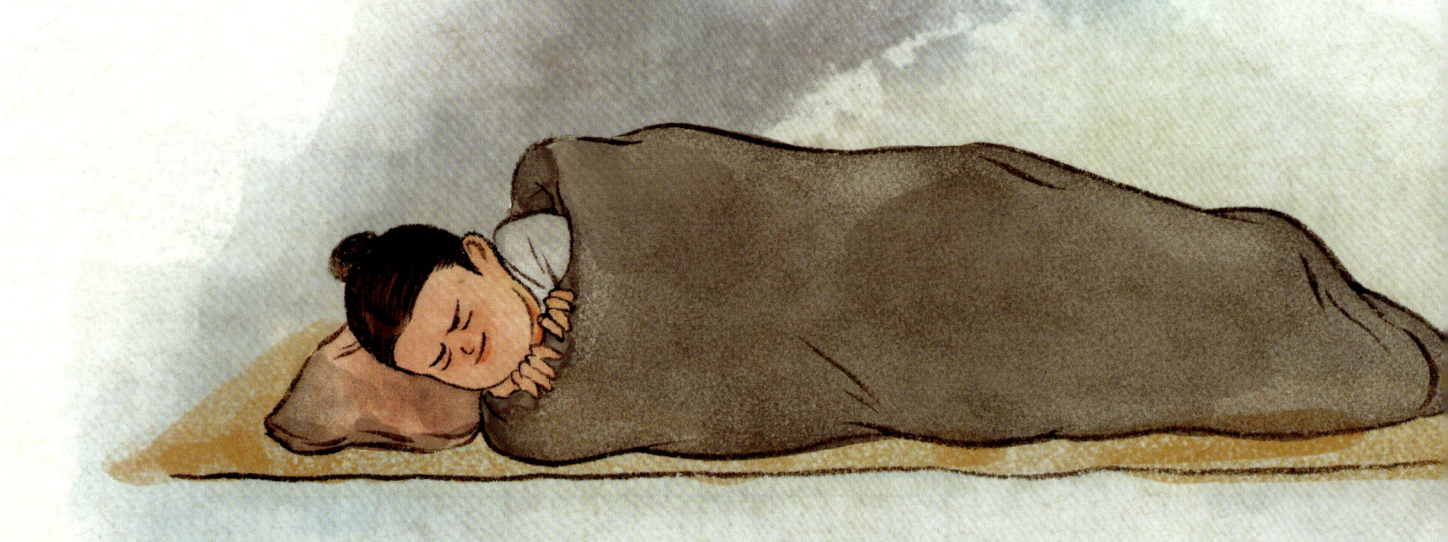

释 夏天扇凉枕席,冬天暖热被子。形容十分孝敬父母。

近义 晨昏定省 承欢膝下　　**反义** 六亲不认

　　黄香是东汉时的大臣,小时候家里很贫穷。九岁那年,母亲生了重病,黄香非常伤心,守在母亲床边随时伺候她。虽然黄香尽心尽力照顾,但母亲还是去世了,留下他和父亲相依为命。

　　冬天到了,黄香家生不起火炉,屋子里很冷。黄香晚上温习功课的时候,手冻得直抖,连笔都握不稳。这时,黄香突然想到:天这么冷,父亲白天劳累了一天,晚上冷得睡不好觉怎么行?

　　黄香放下书,悄悄来到父亲房里,帮父亲把破旧的被子铺好,然后钻进去,用自己的体温给父亲暖被窝。

熬过了冬天,夏天很快又到了,黄香家简陋的房子格外闷热。到了晚上,成群的蚊子更是嗡嗡叫着围攻睡着的人。黄香怕父亲热着,又担心蚊子影响父亲休息,就用湿布把床上的席子擦一遍,然后拿扇子使劲扇,希望能把席子扇凉,同时把蚊子扇跑。

黄香不仅孝顺,而且勤奋好学、博学多才。他长大后做了官,勤于政事、一心为民,还为朝廷举荐了不少人才,受到皇帝的信任和重用,多次赏赐给他财物。黄香当太守时,有一年,辖地内发大水,许多百姓都受了灾,吃不上饭,黄香就把自己的积蓄和得到的赏赐全都拿出来赈济灾民。

黄香为官数十年,为老百姓做了很多好事。

例句

- (刘苞)奉君母朱夫人及所生陈氏并扇席温枕,叔父绘常叹伏之。(唐·李延寿《南史·刘苞传》)
- 艾拉很孝敬爸爸妈妈,虽然现在条件好了,不需要扇枕温衾,可是她的孝心一点不比古人逊色。

成语个性

也写作"扇枕温席""扇枕温被""扇席温枕"。

坦腹东床

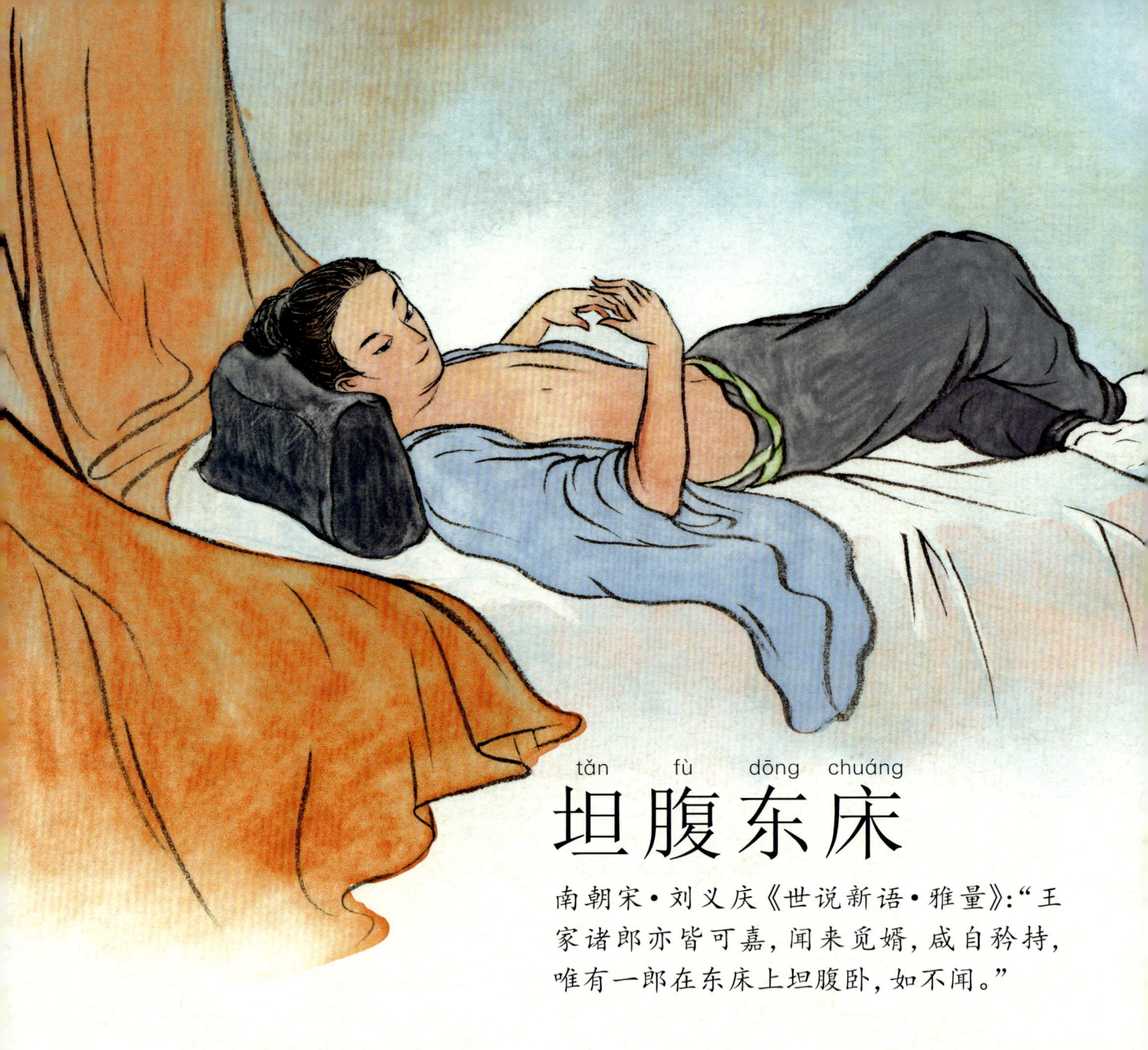

tǎn fù dōng chuáng

南朝宋·刘义庆《世说新语·雅量》："王家诸郎亦皆可嘉，闻来觅婿，咸自矜持，唯有一郎在东床上坦腹卧，如不闻。"

释 对女婿的美称。也指当女婿的意愿。

近义 雀屏中选 乘龙快婿 　**反义** 遇人不淑 天壤王郎

东晋时的郗（xī）鉴是朝廷的高官，擅长书法，他一直想给才貌双全的女儿找一个优秀的年轻人当夫婿。打听来打听去，人们都说丞相王导家的几个儿子、侄儿个个长相俊美，才华出众，有几个书法也写得很好。郗鉴听了很高兴，决定到王家选一个最好的，把女儿嫁给他。

这天，郗鉴派人到了王导家。王导说："我家的孩子们都在东厢房里，你去看看吧，随便你挑。"

东边书房里的小伙子们听说有人要来挑女婿，早就已经精心梳洗打扮好，换上最好的衣服，这会儿更是一本正经地坐在书桌前，装作认真看书的样子，可是心里都七上八下，期待着郗鉴派来的人选中自己。

来人走到书房旁边，隔着窗户一看，好几个年轻人坐在桌前，有的读书，有的写字。只有一个人与大家不一样，他好像压根儿没听说选女婿这回事似的，很随意地躺在靠东墙的床上，还敞着衣服，露出肚皮。

那人回去后向郗鉴报告说，王导家的年轻人都不错，个个都很有礼貌，长得也挺帅气，看起来都很喜欢读书，分不出哪个最好。见主人对他的汇报不满意，他又补充说："最好的不容易找出来，最差的倒很明显，其实这个长得也挺不错，就是敞开衣服躺在床上，还露着肚子，太随便了。大人您派人去选女婿，他却根本没把这当回事。"

郗鉴听了，拍手笑道："就他了，这就是我想要找的好女婿。"见汇报的人一脸不解，郗鉴解释说，这说明这个年轻人很坦诚，人品可靠，气度不凡。

郗鉴确实有眼光，他选中的人就是后来被称为"书圣"的大书法家王羲之。

例句

- 我操国柄佐圣明，我是九棘三槐位里人，要择个坦腹东床，岂无个贵戚王孙。（明·沈受先《三元记·议亲》）
- 大表姐长得漂亮，性格又好，还怕没有青年才俊坦腹东床？

成语个性

褒义词，常被误用为贬义。用"东床"来指代女婿，也是出自这个典故。

生活和家庭 / 婚姻·坦腹东床

12

相敬如宾
xiāng jìng rú bīn

春秋·左丘明《左传·僖公三十三年》：「臼季使，过冀，见冀缺耨(nòu)，其妻馌(yè)之，敬，相待如宾。」

释 形容夫妻二人彼此尊敬，像对待宾客一样。

近义 夫唱妇随 举案齐眉 琴瑟和调　　**反义** 貌合神离 同床异梦 琴瑟不调

　　春秋时期，晋国有一位大臣叫郤芮(xì ruì)，因为犯罪被处死了。他的儿子郤缺也因此受到连累，被取消了贵族身份，成了平民。

　　郤缺是个乐观的人，并没有因为生活中遭遇不幸就变得消极。他搬到农村住下来，像普通农民一样辛勤种地，农闲的时候就读书学习。郤缺人品很好，又有学问，他的妻子也是个善良知礼的女人，对他很体贴。

12 生活和家庭 / 婚姻·相敬如宾

有一天，郤缺在地里除草，天气很热，他的妻子为了省去丈夫路上往返的辛苦，就把饭送到田边来了。她一边温柔地招呼丈夫过来吃饭，一边跪在地上，把篮子里的饭菜摆出来。郤缺听到妻子召唤，立即走到田头，伸出双手接过妻子捧给他的饭碗，连声道谢。

虽然是坐在田边地头的泥地上，吃的也是再平常不过的农家饭，可是妻子却像招待贵客一样恭恭敬敬，郤缺也像在豪华的宴席上吃饭一样彬彬有礼。吃完饭后，妻子收拾好碗筷，礼貌地跟郤缺道过别后回家去了。

这一幕正好被路过的胥（xū）臣看在了眼里。胥臣是晋国的大夫，正在为国家寻找人才。他想，夫妻之间都能做到彼此尊敬，那他们对别人也一定能够以礼相待。通过交谈，胥臣发现郤缺不仅学识渊博，为人也很踏实忠诚，是个不可多得的人才。

胥臣回到都城后，极力向国君晋文公推荐郤缺做官。晋文公说："他是罪臣的儿子，怎么能让他做官呢？"

胥臣回答说："父亲犯了罪，不能说明儿子就不能任用。当年的大禹不也是罪臣鲧（gǔn）的儿子吗？"

于是，晋文公接受了胥臣的建议，让郤缺当下军大夫。郤缺工作非常出色，后来更是为晋国立下大功，被升为卿。

成语个性

本故事中，胥臣所说的大禹和鲧都是上古时代神话传说中的人物，鲧是大禹的父亲。传说，上古时代发了一场很大的洪水，鲧用堆土拦堵的方法治理洪水，没能成功，被舜帝处死。大禹接替父亲，用疏通导引的方法治理洪水，经过十三年的努力，终于消除了水患。

例句

🍡 夫耕于前，妻耘于后，同甘共苦，相敬如宾。（明·李昌祺《剪灯余话·鸾鸾传》）

🍡 爷爷奶奶虽然爱好不同、性格各异，但一点不妨碍他们相敬如宾地生活了半个世纪。

101

附录 分类成语 11 财富和价值

富有
富甲天下　富贵荣华　万贯家财　财大气粗
富甲一方　荣华富贵　腰缠万贯　金玉满堂
富可敌国　富比陶朱　大富大贵　富贵骄人　堆金积玉

富足
国富民强　人寿年丰　丰衣足食　取之不尽，
民丰物阜　岁丰年稔　自给自足　用之不竭
物阜民丰　家给人足　绰绰有余

奢侈
膏粱文绣　重裀而卧，骄奢淫逸　鲜车怒马　大手大脚
膏粱锦绣　列鼎而食　轻裘肥马　朱轮华毂　铺张浪费
日食万钱（4）　鲜衣美食　灯红酒绿　**（12）**　所费不赀
食前方丈　**酒池肉林（6）**　花天酒地　肥马轻裘　**象箸玉杯（14）**　暴殄天物
炊金馔玉　钟鸣鼎食　**穷奢极欲（8）**　乘坚策肥　画卵雕薪　大兴土木
衣锦食肉　列鼎而食　**纸醉金迷（10）**　驷马高车　三千珠履　劳民伤财
锦衣玉食　重裀列鼎　　宝马香车　一掷千金
　　　　　香车宝马　挥金如土

大方
仗义疏财　轻财重义　解囊相助
轻财好施　慷慨解囊

节俭
因陋就简　衣不重采　勤俭持家　弊衣疏食　恶衣恶食
身无长物（18）　居不重席　克勤克俭　**安步当车（20）**　鹿裘不完
竹头木屑（16）　节衣缩食　厉行节约　　瓦器蚌盘
食不求甘　缩衣节食　开源节流　布衣蔬食　艰苦朴素
细大不捐　食不重肉　省吃俭用　布衣粝食　朴素无华
物尽其用　食不重味　精打细算　弊车羸马　褐衣疏食

吝啬
称薪而爨　一钱如命
爱财如命　一毛不拔

11 财富和价值

附录 分类成语

贫穷

家徒四壁（22）

环堵萧然
室如悬磬（24）
瓦灶绳床
绳床瓦灶
瓮牖绳枢
蓬户瓮牖
蓬门筚户
桑枢瓮牖
土阶茅茨
白屋寒门

上漏下湿
牵萝补屋
贫无立锥
....
家无儋石
食不果腹
并日而食
三旬九食
忍饥挨饿
嗷嗷待哺
等米下锅
数米而炊
吃糠咽菜
面有菜色
饮冰食檗

箪食瓢饮
一箪一瓢
饔飧不继
饔飧不济
糟糠不厌
甑尘釜鱼（26）
....
身无寸缕
衣不蔽体
衣衫褴褛
衣衫蓝缕
短褐不完
捉襟见肘
肘见踵决

粗衣恶食
粗衣粝食
缺衣少食
号寒啼饥
啼饥号寒
饥寒交迫

东拼西凑
东挪西凑
倾箱倒箧
倾家荡产
财竭力尽
家贫如洗
赤贫如洗
一贫如洗

清贫如洗
聊以卒岁
一寒如此
一穷二白
穷愁潦倒
穷困潦倒
穷途潦倒

牛衣对泣（28）

阮囊羞涩（30）
囊中羞涩
瓮尽杯干
囊空如洗
不名一文

不名一钱（32）
一无所有
两手空空
入不敷出
寅吃卯粮
寅支卯粮
僧多粥少
债台高筑（34）
告贷无门

恩惠

嗟来之食（36）

一浆十饼（38）

小恩小惠

取舍

隋珠弹雀（40）

买椟还珠（42）

明珠弹雀
忍痛割爱

食之无味，
弃之可惜

商业

财运亨通
日进斗金
招财进宝

生财有道
多财善贾
金字招牌
童叟无欺
讨价还价

市无二价
言无二价
供不应求
供过于求
货真价实

物美价廉
价廉物美
随行就市
奇货可居
一本万利

蝇头微利
蝇头小利
本小利微
小本经营
惨淡经营

有利可图
从中渔利
国计民生
谷贱伤农

损失

鸡飞蛋打
人财两空

血本无归

11 财富和价值

附录 分类成语

收获
不劳而获
无功受禄

坐地分赃
坐收
渔人之利
坐收渔利

渔人之利
探骊得珠
不虚此行
满载而归

种瓜得瓜，
种豆得豆
前人栽树，
后人乘凉

春华秋实
一无所得
一无所获

颗粒无收
宝山空回

掠夺
巧取豪夺（44）

暴取豪夺
蚕食鲸吞
鲸吞虎噬
鸠占鹊巢

掠人之美
据为己有
卖官鬻爵
横征暴敛

羊很狼贪
羊狠狼贪
丰取刻与
敲诈勒索

敲骨吸髓
针头削铁
雁过拔毛
苛捐杂税

民脂民膏
不义之财

贪婪
得陇望蜀（46）
得寸进尺
巴蛇吞象

一蛇吞象
见利忘义
重利忘义
见财起意
见钱眼开
为富不仁

唯利是图
利欲熏心
财迷心窍
利令智昏
自私自利
私心杂念

贪心不足
诛求无已
诛求无厌
贪财好利
贪财好色
贪婪无厌

贪得无厌（48）
溪壑无厌
欲壑难填
贪夫徇财
贪多务得

嫌贫爱富
饕餮之徒
眼馋肚饱
馋涎欲滴
垂涎欲滴
垂涎三尺

价值
一顾千金
身价百倍

不无裨益
经世致用
牛溲马勃

身外之物
一钱不值
尘饭涂羹
冬扇夏炉

夏炉冬扇
陶犬瓦鸡
土牛木马
如获石田

形同虚设
附赘悬疣
灾梨祸枣

昂贵
米珠薪桂（50）

食玉炊桂
爨桂炊玉

珍贵
和璧隋珠（52）

隋侯之珠
秦砖汉瓦
奇珍异宝
希世奇珍

希世之宝
一狐之腋
价值连城
弥足珍贵

千金难买
万金不易
无价之宝
物华天宝

物以稀
为贵

敝帚自珍（54）

青毡旧物（56）
鲁殿灵光
吉光片羽

附录 分类成语 12 生活和家庭

习俗
断发文身　入国问禁　入乡随俗　未能免俗（58）
风土人情　入境问俗　百无禁忌

生活
娇生惯养　足不出户　鸡零狗碎　布帛菽粟　家长里短
衣食父母　不时之需　鸡毛蒜皮　衣食住行
养尊处优　深居简出　针头线脑　柴米油盐　酸甜苦辣

居所
穴居野处　乔迁之喜　百万买宅，　远亲
深宅大院　燕雀相贺　千万买邻　不如近邻
安家落户　卜宅卜邻　左邻右舍

处世
　　　　　清心寡欲　放荡不羁　随波逐流　安常处顺　风吹浪打
　　　　　超尘拔俗　随心所欲　随俗沉浮　安分守己　饱经世故
饮水曲肱　超尘出俗　从心所欲　与世浮沉　　　　　　八面玲珑
独善其身　超然物外　愤世嫉俗　与世沉浮　中庸之道　左右逢源
安贫乐道　超轶绝尘　玩世不恭　　　　　　明哲保身　老于世故
与世无争　宠辱不惊　金貂换酒　　　　　　安身立命　人情冷暖
人弃我取　荣辱不惊　高阳酒徒　既来之，　立身处世　人情世故
彼弃我取　　　　　　游戏人间　则安之　　为人处世　看破红尘
恬淡寡欲　不拘小节　　　　　　随遇而安　饱经沧桑　四大皆空
恬淡无为　（60）　　能屈能伸　苦中作乐　饱经风霜　浮生如寄
淡泊明志　特立独行　和光同尘　安心乐意　饱经霜雪　浮生若梦
清静无为　放浪形骸　韬光养晦　知足常乐　风风雨雨
　　　　　　　　　　　　　　　乐天知命

命运
　　　　　流年不利　生不逢时　时乖运蹇　时来运转　三生有幸
　　　　　命途多舛　生不逢辰　运蹇时乖　时运亨通
命中注定　造化弄人　时乖命蹇　坠茵落溷　双喜临门
时运不济　前途未卜　命蹇时乖　　　　　　福至心灵

心愿
　　　　　心想事成　求仁得仁　久旱　　　天从人愿
　　　　　如愿以偿　求之不得　逢甘雨

107

附录 分类成语 12 生活和家庭

前程
锦绣前程　如花似锦　前途无量
前程似锦　前程万里

闲适
逍遥自在　悠哉游哉　修心养性　忙里偷闲　含哺鼓腹
自由自在　闲情逸致　怡情悦性　耳根清净　美食甘寝
安闲自在　悠然自得　豪情逸致　颐神养性　科头跣足
清闲自在　优游自得　无拘无束　颐养天年　轻裘缓带
悠闲自在　优哉游哉　无牵无挂　茶余饭后　闲庭信步

困苦
啮雪吞毡　贫病交加　拉家带口　含辛茹苦　苦海无边
啮雪餐毡　神愁鬼哭　拖儿带女　居大不易
贫病交迫　养家糊口　熬清守淡　如牛负重

饮食
肉山酒海　残茶剩饭　觥筹交错　食指大动（64）　狼吞虎咽
食不厌精，脍不厌细　粗茶淡饭　杯觥交错　馋涎欲滴　细嚼慢咽
麟肝凤髓　　　　　　清汤寡水　交杯换盏　垂涎欲滴　一饮一啄
龙肝凤髓　齿颊生香　半生不熟　杯盘狼藉（62）　垂涎三尺　饥不择食
甘脆肥醲　别有风味　　　　　　　　　　　　　　饥肠辘辘
山肴野蔌　其味无穷　琼浆玉液　接风洗尘　咂嘴弄舌　哀梨蒸食
珍馐美味　津津有味　瑶池玉液　酒酣耳热　口腹之欲　众口难调
山珍海错　　　　　　对酒当歌　酕醄大醉　大快朵颐
山珍海味　残羹冷炙　一觞一咏　酩酊大醉　酒足饭饱
水陆毕陈　残杯冷炙　开怀畅饮　　　　　　茹毛饮血

故乡
土生土长　莼羹鲈脍（66）　恭敬桑梓　越鸟南栖　叶落归根
热土难离　　　　　　敬恭桑梓　狐死首丘　落叶归根
安土重迁　白云亲舍　近乡情怯　倦鸟知还

隐士
闲云野鹤（68）　烟波钓徒　高人逸士　梅妻鹤子
　　　　　　　岩穴之士　羲皇上人

12 生活和家庭

附录 分类成语

隐居
遁世离群
被发入山
把臂入林
岩居穴处
枕石漱流（70）
漱石枕流
山栖谷饮
青鞋布袜
布袜青鞋
烟蓑雨笠
羊裘垂钓
一丘一壑
终老林泉

爱好
弹丝品竹
乐山乐水
其乐无穷
甘之如饴
玩物丧志
嗜痂成癖
嗜痂之癖
逐臭之夫

游乐
秉烛夜游
及时行乐
寻欢作乐
卜昼卜夜（72）
朝歌夜弦
朝歌暮弦
醉舞狂歌
载歌载舞
浅斟低唱
灯红酒绿
声色犬马
声色狗马
醉生梦死
斗鸡走狗
斗鸡走马
飞鹰走狗
见猎心喜
旧地重游
搜奇访古
寻花问柳
游目骋怀
游山玩水
流连忘返
恋恋不舍

旅途
山高路远
不远千里
不远万里
千里迢迢
翻山越岭
漂洋过海
跋山涉水
登山临水
涉海登山
梯山航海
攀藤揽葛
悬车束马
束马悬车
长途跋涉
百舍重茧
迎风冒雪
雨淋日炙
日炙风吹
栉风沐雨
餐风沐雨
餐风饮露
风餐露宿
餐风宿露
草行露宿
霜行草宿
山行水宿
卧雪眠霜
眠霜卧雪
安营扎寨
人困马乏
鞍马劳顿
舟车劳顿
披星戴月（74）
昼夜兼程
昼夜兼行
倍道兼行
倍道兼程
饥餐渴饮
晓行夜宿
夜宿晓行
马不停蹄
风尘仆仆
行色匆匆
朝发夕至
信马由缰
水送山迎
穷家富路
涉危履险
昼伏夜行
夜行昼伏

漂泊
背井离乡
远走高飞
流离失所
颠沛流离
断梗飘蓬
萍踪浪迹
浪迹萍踪
白云孤飞
书剑飘零
浮家泛宅
居无定所
无家可归
走南闯北
浪迹天涯
四海为家

孤独
孤苦伶仃
孑然一身
无亲无故
举目无亲
青灯黄卷
无依无靠
落落寡合
踽踽独行
茕茕孑立
形影相吊
形单影只
清灰冷灶
清锅冷灶

附录 分类成语 12 生活和家庭

疾病
久病成医　病入膏肓(76)　十病九痛　采薪之忧　头昏眼花
旧病复发　痛入骨髓　犬马之疾　头重脚轻
生老病死　积劳成疾　不可救药　疥癣之疾　头昏脑胀　天旋地转
病从口入　病急乱投医　不治之症　头疼脑热　不省人事
先天不足　半死不活　霜露之疾(78)　头晕目眩

受伤
鼻青脸肿　血流如注　体无完肤　鲜血淋漓　十指连心
头破血流　遍体鳞伤　皮开肉绽　伤筋动骨

垂死
人命危浅　苟延残喘(80)　气若游丝　奄奄一息　回光返照
风中残烛　气息奄奄　一息尚存

死亡
驾鹤西去　兰摧玉折　披麻带孝　粉身碎骨　一抔黄土
寿终正寝　栋折榱崩　节哀顺变　葬身鱼腹　墓木已拱
油尽灯枯　无疾而终　鼓盆之戚　死得其所(82)　身首异处
溘然长逝　含笑九泉　人琴俱亡　客死他乡
与世长辞　红颜薄命　山高水低　一命呜呼　一抔之土(84)
撒手人寰　香消玉殒　养老送终　呜呼哀哉

少年儿童
牙牙学语　六尺之孤　金童玉女　含苞待放
黄口小儿　黄发垂髫　豆蔻年华　翩翩少年

青壮年
及笄之年　韶颜稚齿　乳臭未干　年轻力壮　春秋鼎盛
弱冠之年　初生之犊　锦瑟年华　年富力强　马齿徒增

老人
耄耋之年　年老色衰　日薄西山　白发苍颜　白发红颜
期颐之寿　人老珠黄　行将就木　穷当益坚，老当益壮　鹤发童颜
垂暮之年　乔松之寿　望秋先零　桑榆暮景　童颜鹤发
迟暮之年　延年益寿　未老先衰　残年暮景　老当益壮(86)　鹤骨松姿
知命之年　长生不老　老态龙钟　头童齿豁　返老还童
耳顺之年　美人迟暮　风烛残年　鹤发鸡皮　老蚌生珠

12 生活和家庭

附录 分类成语

亲情
兄肥弟瘦（88）
兄友弟恭
让枣推梨（90）
骨肉至亲
至亲骨肉
血浓于水
手足之情
同气连枝
连枝同气
舐犊情深（92）
老牛舐犊
倚门倚闾（94）
推燥居湿
寸草春晖
父母恩勤
风树之悲
椿萱并茂
抱子弄孙
含饴弄孙
天伦之乐

孝顺
扇枕温衾（96）
伯俞泣杖
大杖则走
卧冰求鲤
菽水承欢
承欢膝下
乌鸟私情

子孙
日月入怀
掌上明珠
金枝玉叶
天潢贵胄
相门有相
孝子贤孙
桂子兰孙
兰桂齐芳
绿叶成荫
人丁兴旺
绵绵瓜瓞

家庭
成家立业
修身齐家
亲操井臼
诗礼传家
世代书香
书香门第
簪缨世胄
身家性命

恋情
情窦初开
一见倾心
一见钟情
情有独钟
两情相悦
两心相悦
爱屋及乌
眉来眼去
眉目传情
暗送秋波
才子佳人
郎才女貌
谈情说爱
儿女情长
卿卿我我
柔情密意
柔情蜜意
柔情似水
红袖添香
移情别恋
始乱终弃

婚姻
月下老人
终身大事
指腹为婚
门当户对
坦腹东床（98）
乘龙快婿
秦晋之好
百年之好
喜结良缘
洞房花烛
新婚燕尔
宴尔新婚
凤凰于飞
鸾凤和鸣
花好月圆
天作之合
金屋藏娇
相敬如宾（100）
举案齐眉
夫唱妇随
比翼双飞
比翼齐飞
双宿双飞
琴瑟和调
琴瑟之好
一床两好
白头偕老
糟糠之妻
贤妻良母
故剑情深
破镜重圆（102）
牛郎织女
破镜分钗
妻离子散
劳燕分飞
遇人不淑
齐大非偶

111

图书在版编目（CIP）数据

把成语用起来：一读就会用的分类成语故事.六，财富和价值 生活和家庭 / 歪歪兔童书馆编著. -- 北京：海豚出版社，2020.5（2023.11重印）
　ISBN 978-7-5110-5136-3

　Ⅰ.①把… Ⅱ.①歪… Ⅲ.①汉语－成语－故事－青少年读物 Ⅳ.①H136.31-49

中国版本图书馆CIP数据核字（2020）第000046号

把成语用起来——一读就会用的分类成语故事
歪歪兔童书馆 / 编著

出 版 人：王　磊
策　　划：宗　匠
监　　制：刘　舒
策划编辑：宋　文
撰　　文：王君莹
绘　　画：徐敏君
责任编辑：杨文建　胡瑞芯
装帧设计：王　蕾　侯立新
责任印制：于浩杰　蔡　丽
法律顾问：中咨律师事务所　殷斌律师

出　　版：海豚出版社
地　　址：北京市西城区百万庄大街24号　邮　　编：100037
电　　话：（010）85164780（销售）　（010）68996147（总编室）
传　　真：（010）68996147
印　　刷：北京博海升彩色印刷有限公司
开　　本：16开（860毫米×1130毫米）
印　　张：73.25
字　　数：800千
印　　数：190001-200000
版　　次：2020年5月第1版
印　　次：2023年11月第12次印刷
标准书号：ISBN 978-7-5110-5136-3
定　　价：450.00元（全十册）

版权所有　　侵权必究